Partidos políticos no Brasil:
do Império à Nova República

2ª edição
revista e atualizada

Partidos políticos no Brasil: do Império à Nova República

Rodrigo Mayer

Rua Clara Vendramin, 58 . Mossunguê . CEP 81200-170 . Curitiba . PR . Brasil
Fone: (41) 2106-4170 . www.intersaberes.com . editora@intersaberes.com

Conselho editorial
Dr. Alexandre Coutinho Pagliarini
Dr.ª Elena Godoy
Dr. Neri dos Santos
M.ª Maria Lúcia Prado Sabatella
Editora-chefe
Lindsay Azambuja
Gerente editorial
Ariadne Nunes Wenger
Assistente editorial
Daniela Viroli Pereira Pinto
Edição de texto
Camila Rosa
Novotexto
Palavra do Editor

Capa
Laís Galvão dos Santos (*design*)
Charles L. da Silva (adaptação)
DarkPlatypus/Shutterstock (imagem)
Projeto gráfico
Bruno de Oliveira
Diagramação
Bruno Palma e Silva
Designer *responsável*
Charles L. da Silva
Iconografia
Regina Claudia Cruz Prestes
Sandra Lopis da Silveira

Dados Internacionais de Catalogação na Publicação (CIP)
(Câmara Brasileira do Livro, SP, Brasil)

Mayer, Rodrigo
  Partidos políticos no Brasil : do Império à nova República / Rodrigo Mayer.
-- 2. ed. rev. e atual. -- Curitiba, PR : InterSaberes, 2024.

  Bibliografia.
  ISBN 978-85-227-1330-1

  1. Brasil – História – Império, 1822-1889 2. Brasil – Política e governo
3. Partidos políticos – Brasil 4. Partidos políticos – Brasil – História
5. República – Brasil I. Título.

24-200337   CDD-324.281

Índices para catálogo sistemático:
1. Brasil : Partidos políticos : Ciências políticas   324.281
Cibele Maria Dias – Bibliotecária – CRB-8/9427

1ª edição, 2018.
2ª edição – revista e atualizada, 2024.
Foi feito o depósito legal.
Informamos que é de inteira responsabilidade do autor a emissão de conceitos.
Nenhuma parte desta publicação poderá ser reproduzida por qualquer meio ou forma sem a prévia autorização da Editora InterSaberes.
A violação dos direitos autorais é crime estabelecido na Lei n. 9.610/1998 e punido pelo art. 184 do Código Penal.

Sumário

11 *Apresentação*

17 *Como aproveitar ao máximo este livro*

Capítulo 1
21 **Partidos políticos: um fenômeno relativamente recente**

1.1
23 As primeiras formações partidárias: partidos modernos ou meras alianças?

1.2
29 Partidos políticos: indefinição teórica

1.3
34 Crise dos partidos: substituição ou adaptação?

Capítulo 2

41 Partidos políticos no Império: luzias, saquaremas e o aparecimento dos primeiros partidos brasileiros

2.1

44 O surgimento dos partidos políticos latino-americanos: resultado de um fenômeno global

2.2

45 A formação dos partidos políticos no Brasil

2.3

48 A construção dos partidos nacionais

2.4

49 Os principais partidos imperiais: protopartidos de longa duração

2.5

58 Eleições: alternância artificial e fraudes

Capítulo 3

71 Primeira República: partidos regionais e o antipartidarismo como regra

3.1

74 O novo sistema partidário como rejeição aos partidos nacionais

3.2

79 Primeira República: a formação de um novo sistema partidário

3.3
83 As eleições na Primeira República

3.4
89 Outros partidos na arena eleitoral: a tentativa de formação de partidos políticos nacionais

3.5
91 Revolução de 1930: novos partidos e representação profissional

Capítulo 4
103 **República de 1946: dos primeiros partidos modernos ao colapso do sistema**

4.1
105 A formação dos novos partidos: a primeira experiência de partidos nacionais

4.2
108 Um sistema partidário norteado por vagas

4.3
124 Eleições: do domínio dos partidos tradicionais ao crescimento das forças populistas

4.4
129 O colapso da República

Capítulo 5
137 **Ditadura civil-militar: a construção do bipartidarismo artificial**

5.1
140 Da tentativa de manutenção do antigo sistema à impossibilidade de construção de uma maioria sólida

5.2
145 Os partidos políticos do período autoritário

5.3
149 O sistema eleitoral: constantes reformas

5.4
151 Eleições: restrições aos direitos políticos e domínio da Arena

5.5
156 O retorno ao multipartidarismo

Capítulo 6
163 **Nova República: do retorno do multipartidarismo à alta fragmentação partidária**

6.1
165 O nascimento do atual sistema partidário

6.2
169 A expansão e possível retração do sistema partidário

6.3
172 A visão da literatura especializada sobre os partidos políticos brasileiros

6.4
187 Principais partidos do período

6.5
198 Eleições: a construção do multipartidarismo

233 *Considerações finais*
239 *Lista dos partidos políticos do Brasil*
243 *Referências*
269 *Respostas*
275 *Sobre o autor*

Apresentação

Os partidos políticos são produtos da emergência das democracias representativas originadas no final do século XVIII e começo do século XIX. Inicialmente vistas com insegurança, as formações partidárias atravessaram os últimos séculos e encontram-se profundamente ligadas aos regimes democráticos (e até mesmo a alguns autoritários).

O Brasil conheceu seus primeiros partidos nas décadas iniciais do século XIX. Nesses quase 200 anos de experiências partidárias, muitos pesquisadores se ocuparam desse tema, com pesquisas sobre suas organizações, seu comportamento eleitoral, suas interações e a competição no sistema partidário. A maioria dos trabalhos enfatiza as debilidades do sistema, como o predomínio de redes de clientelismo e patronagem, a debilidade de suas organizações formais e a fragilidade dos laços com a sociedade civil e os movimentos sociais. A descontinuidade dos partidos e do sistema partidário, os quais se sucedem uns aos outros após constantes ciclos de democracia e regimes autoritários, também é apontada como uma mazela nacional (Lamounier; Meneguello, 1986).

No decorrer desses séculos, o país conheceu seis sistemas partidários – sete, se considerarmos que o período imperial teve dois sistemas partidários: o primeiro, que perdurou até a Regência e opunha diferentes perspectivas sobre o conteúdo da Constituição de 1824 (Brasil, 1824); e o segundo, que envolveu as forças políticas alinhadas durante o período regencial. Tais sistemas retrataram o alinhamento das forças políticas de cada período:

1. **Primeiro sistema partidário (1822-1889)** – Trata-se do sistema partidário vigente durante o Império (1822-1889). Foi caracterizado pela oposição e pelo conflito (mais aparente do que de fato) entre conservadores e liberais. No fim do período, uma terceira força (Partido Republicano) entrou no jogo político, porém não chegou a se constituir como um ator relevante.
2. **Segundo sistema partidário (1889-1930)** – Consiste no sistema partidário vigente durante a Primeira República (1889-1930), o qual surgiu de uma ruptura e, ao mesmo tempo, de uma continuidade do sistema anterior: *ruptura* pois se opôs à centralização do regime imperial e inaugurou um sistema descentralizado, baseado nas oligarquias regionais; *continuidade* pois manteve o antipartidarismo, o elitismo e os políticos do antigo sistema (inclusive os apoiadores da monarquia), estes organizados nos partidos republicanos estaduais.
3. **Terceiro sistema partidário (1930-1937)** – Foi o sistema criado por Getúlio Vargas em substituição ao antigo modelo e que apresentou como novidade a criação de organizações provisórias e a representação profissional.
4. **Quarto sistema partidário (1945-1965)** – Compreende a República de 1946 (1946-1964). Foi a primeira experiência de partidos políticos modernos no país. O sistema, durante a sua existência, girou em torno da figura de Getúlio Vargas, pela criação de partidos de apoio ao antigo ditador – Partido Social Democrático (PSD)

e Partido Trabalhista Brasileiro (PTB) – ou de oposição a ele – União Democrática Nacional (UDN). Durante sua existência, o sistema de 1946 atravessou transformações, com a diminuição do poder das forças tradicionais e o crescimento dos partidos populistas.

5. **Quinto sistema partidário (1965-1979)** – Compreende o sistema vigente durante grande parte da ditadura civil-militar (1964-1985). Sua formação veio com a percepção da inviabilidade da construção de uma maioria sólida por parte das forças apoiadoras do Golpe de 1964 (sobretudo a UDN) e com a busca por fornecer uma aparência democrática ao regime. Para isso, foi instituído um sistema bipartidário artificial baseado no apoio ou na oposição (consentida) ao governo.

6. **Sexto sistema partidário (1979 até hoje)** – Trata-se do atual sistema partidário, o qual é caracterizado pelo alto número de partidos e pela alta fragmentação do sistema partidário. Sua origem remonta à estratégia do governo militar de dividir a oposição em vários partidos e, assim, dominar o processo de transição democrática. Atualmente, o sistema está se realinhando após a crise de uma série de partidos tradicionais e o surgimento de novas forças depois da forte crise política da década de 2010.

A interpretação corrente sobre os atuais partidos brasileiros e o sistema partidário nacional é que estes são frágeis se comparados às democracias ocidentais europeias. Tal fragilidade é motivada por uma série de fatores, entre os quais podemos destacar: a baixa institucionalização dos partidos e do sistema partidário, provocada pela descontinuidade das agremiações no decorrer do tempo (e pela incidência de partidos de curta duração); as dificuldades dos partidos em criar raízes na sociedade; a instabilidade das regras eleitorais e dos sistemas partidários; e a capacidade do sistema – e dos partidos – de transpor as clivagens sociais para a arena política. Por fim, essa fragilidade também é explicada por questões institucionais, como o sistema eleitoral e o presidencialismo, que tendem a produzir partidos mais personalistas e menos programáticos.

Recentemente, a ciência política tem argumentado que os partidos políticos brasileiros não são assim tão frágeis, pois conseguiram estruturar a competição eleitoral e a organização dos governos, além de se estabilizarem no decorrer do tempo.

Nesse sentido, esta obra foi elaborada com o objetivo de contribuir para o debate sobre o tema ao apresentar o desenvolvimento histórico dos partidos políticos no país, dos partidos do período imperial até os atuais, preenchendo uma importante lacuna de estudos sobre os partidos políticos brasileiros.

Para tanto, o livro foi dividido em seis capítulos: o primeiro será uma breve introdução à teoria partidária; o segundo apresentará as primeiras formações partidárias nacionais constituídas no período imperial; o terceiro versará sobre os partidos políticos da Primeira República e da Era Vargas; o quarto tratará da República de 1946; o quinto enfocará os partidos políticos da ditadura civil-militar; o sexto e último capítulo abordará os partidos políticos da Nova República.

Existem poucas obras que se ocupam do exame do desenvolvimento histórico do fenômeno partidário nacional. Portanto, este livro tem como objetivos apresentar o desenvolvimento e a evolução do sistema partidário brasileiro e de seus principais partidos aos leitores (acadêmicos, estudantes e público em geral interessado no tema) e analisar as principais características do fenômeno partidário nacional, considerando seu desempenho eleitoral e os motivos para a descontinuidade partidária.

A nova edição do livro atualiza o debate sobre os partidos da Nova República à luz dos acontecimentos de 2013 até os dias atuais. Nos últimos anos, a crise política da década de 2010 sacudiu o tabuleiro partidário, com a diminuição da força da direita tradicional, a ascensão do radicalismo de direita como uma força política relevante e alterações na legislação partidária que impactam o comportamento partidário. O debate abrange igualmente as duas últimas eleições presidenciais, ausentes na primeira edição.

Também foram revistos os capítulos referentes aos demais períodos, em que foram acrescentadas novas informações sobre os partidos dos sistemas anteriores.

Boa leitura!

Rodrigo Mayer

Como aproveitar ao máximo este livro

Este livro traz alguns recursos que visam enriquecer seu aprendizado, facilitar a compreensão dos conteúdos e tornar a leitura mais dinâmica. São ferramentas projetadas de acordo com a natureza dos temas que vamos examinar. Veja a seguir como esses recursos se encontram distribuídos no decorrer desta obra.

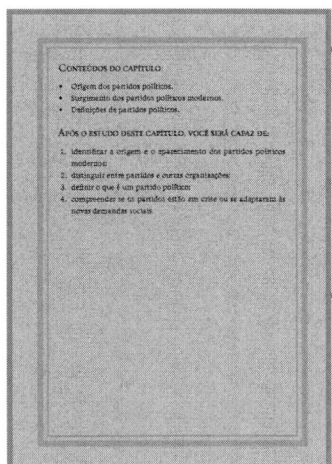

Conteúdos do capítulo:

Logo na abertura do capítulo, você fica conhecendo os conteúdos que nele serão abordados.

Após o estudo deste capítulo,
você será capaz de:

Você também é informado a respeito das competências que irá desenvolver e dos conhecimentos que irá adquirir com o estudo do capítulo.

Síntese

Você dispõe, ao final do capítulo, de uma síntese que traz os principais conceitos abordados.

Questões para revisão

Com estas atividades, você tem a possibilidade de rever os principais conceitos analisados. Ao final do livro, os autores disponibilizam as respostas às questões, a fim de que você possa verificar como está sua aprendizagem.

Questões para reflexão

Nesta seção, a proposta é levá-lo a refletir criticamente sobre alguns assuntos e a trocar ideias e experiências com seus pares.

Para saber mais

Sugerimos a leitura de diferentes conteúdos digitais e impressos para que você aprofunde sua aprendizagem e siga buscando conhecimento.

Estudo de caso

Nesta seção, relatamos situações reais ou fictícias que articulam a perspectiva teórica e o contexto prático da área de conhecimento ou do campo profissional em foco com o propósito de levá-lo a analisar tais problemáticas e a buscar soluções.

Capítulo 1
Partidos políticos:
um fenômeno
relativamente recente

Conteúdos do capítulo:

- Origem dos partidos políticos.
- Surgimento dos partidos políticos modernos.
- Definições de partidos políticos.

Após o estudo deste capítulo, você será capaz de:

1. identificar a origem e o aparecimento dos partidos políticos modernos;
2. distinguir entre partidos e outras organizações;
3. definir o que é um partido político;
4. compreender se os partidos estão em crise ou se adaptaram às novas demandas sociais.

Os estudos sobre partidos políticos – organização, sistemas partidários, participação eleitoral, entre outras características – praticamente inauguraram a ciência política moderna no começo do século XX. As primeiras produções sobre o tema tratavam de estudos comparativos – como o brilhante trabalho de Ostrogorski (2012)[1] sobre os partidos britânicos e estadunidenses – e etnográficos – como o clássico trabalho de Michels (2001), no qual ele considera que os partidos políticos não são entidades democráticas como argumentam ser. Segundo esse autor, eles falham em promover a democracia interna e, com isso, acabam sendo apenas estruturas oligárquicas.

1.1
AS PRIMEIRAS FORMAÇÕES PARTIDÁRIAS: PARTIDOS MODERNOS OU MERAS ALIANÇAS?

A existência de partidos políticos é recente na história da humanidade[2]. As primeiras formações partidárias surgiram na Europa Ocidental entre o fim do século XVIII e as primeiras décadas do

---

[1] *Ostrogorski (2008, 2012) se mostra cético em relação aos partidos. Para o autor, eles não são instrumentos democráticos, mas dominados por interesses pessoais e irracionais. Assim, as organizações partidárias deveriam ser substituídas por outras formas mais adequadas de organizações representativas.*

[2] *LaPalombara e Weiner (1966) e Von Beyme (1985) argumentam que existem três teorias que buscam explicar o surgimento dos partidos políticos: 1) teorias institucionais: a origem dos partidos está relacionada com a emergência e a consolidação dos parlamentos nacionais; 2) teorias de crise: os partidos surgem em momentos de crise/colapso dos regimes políticos; e 3) teorias da modernização: os partidos se originam dos processos de urbanização, industrialização e construção dos eleitorados nacionais.*

século XIX (Sartori, 2012)³. Sua construção está intrinsecamente ligada à origem dos parlamentos nacionais europeus que emergiram após o colapso das antigas monarquias absolutistas⁴ e ao aparecimento das primeiras monarquias parlamentares, que demandaram sistemas eleitorais e, após a junção de grupos parlamentares, de partidos políticos (Duverger, 1970).

Com o aparecimento das agremiações, surgiu uma complicação de ordem linguística. O termo *partido* refere-se à ideia de divisão – aos diferentes posicionamentos presentes no interior de uma sociedade. Sartori (2012), ao examinar o fenômeno do surgimento dos partidos (e discutir a terminologia utilizada), argumenta que a palavra *partido* não seria a melhor denominação para descrever as organizações – ainda incipientes –, pois poderia remeter a aspectos referentes a facções internas⁵. Entretanto, por questões de tradição, o termo continua válido por ter sido amplamente utilizado (Sartori, 2012; Ware, 2004).

Aqui, cabe um novo questionamento: Em que medida as primeiras organizações partidárias se assemelham às máquinas partidárias

---

3   Os primeiros estudos sobre as primeiras formações protopartidárias datam do século XVIII e discutem a tendência dessas organizações ao faccionismo, considerando os malefícios dessa atuação com base em uma visão predominantemente contrária à ação partidária (Sartori, 2012).

4   O absolutismo foi o sistema de governo que vigorou durante a Idade Média e se estabeleceu em vários países europeus (Espanha, França e Portugal, por exemplo) até meados do século XVIII. O sistema se caracterizava pela concentração do poder nas mãos do monarca, pela criação de sistemas administrativos (que possibilitaram a unificação dos impostos, a adoção de uma moeda única em cada reino e a codificação das leis), pelo avanço da burguesia e pelo mercantilismo como sistema econômico (Guizot, 2012).

5   Sartori (2012), em seu livro clássico sobre partidos políticos, discute a origem do termo *partido* no decorrer da história. Segundo o autor, a palavra surgiu em oposição ao termo *facção*, o qual tem um sentido mais pejorativo. *Partido*, nesse caso, não se refere apenas à ideia de divisão – ou *parte* –, mas também à de participação.

contemporâneas? *Grosso modo*, podemos nos perguntar: Os atuais partidos guardam semelhanças com seus ancestrais dos séculos XVIII e XIX? Quais características permanecem e/ou se repetem nas legendas durante toda essa trajetória?

As respostas para essas perguntas não são simples, pois os partidos políticos evoluíram e se desenvolveram durante os dois últimos séculos motivados pelos interesses de seus membros (e dirigentes) e em virtude de transformações sociais e econômicas, como o avanço da Revolução Industrial e o surgimento e a consolidação de uma clivagem que fragmentou a sociedade em classe trabalhadora e classe capitalista. Tais mudanças, como analisaremos no decorrer desta obra, possibilitaram a passagem de máquinas partidárias quase exclusivamente parlamentares para organizações extraparlamentares, com estruturas que ultrapassavam os limites do Congresso e permitiam uma atuação na sociedade, nos movimentos sociais e nos grupos de pressão (Seiler, 2000).

É importante salientar que, desde o início, os partidos políticos não eram organizações unitárias – e eles continuam assim. Isto é, eles diferem de acordo com o local de atuação – muitas vezes, dentro de um mesmo país, a organização subnacional pode se distinguir da nacional – e se modificam com o passar dos anos, em razão das constantes alterações em sua estrutura, sua organização, suas estratégias etc. (Crotty, 1970; Mayer, 2017).

Com efeito, as organizações da primeira metade do século XIX constituíam um retrato desse período, marcado por uma ampla exclusão de setores sociais – em virtude de fatores como renda, gênero e idade – da arena democrática. Os partidos políticos, nesse cenário, não passariam de meros clubes parlamentares com baixa penetração social, ou seja, encontravam-se distantes da maioria da população, tanto em termos de representação eleitoral quanto de participação pública, pois suas estruturas não estavam abertas para a maioria da sociedade e as pessoas não ambicionavam tal situação (Weber, 2002).

> Os regimes censitários dizem respeito a sistemas políticos com graus de restrição ao exercício do voto. Como exemplo, podemos citar a exigência de uma renda mínima para a participação eleitoral, que vigorou durante boa parte do século XIX, até a quebra dos limites e a expansão do sufrágio, a partir da segunda metade do mesmo século – primeiro o masculino e, posteriormente, o feminino.

Duverger (1970) e Neumann (1956) fazem uma boa síntese dos partidos da primeira metade do século XIX. Os autores são responsáveis por formularem, respectivamente, os conceitos de partidos de quadros e partidos de representação individual. Ambos abordam o mesmo fenômeno partidário, porém com interpretações distintas: Duverger (1970) enfatiza as estruturas organizacionais, enquanto Neumann (1956) apresenta uma visão funcionalista sobre esse tema (Wolinetz, 2009).

Mesmo com interpretações diferentes, os dois autores chegam a conclusões parecidas, ao afirmarem que os partidos políticos daquele período não poderiam ser considerados modernos, pois careciam de uma série de características, como: estruturas extraparlamentares; ausência de estratégias de recrutamento; baixa – ou ausente – absorção das massas populares; não representação de segmentos sociais em razão da ausência de ideologias bem delimitadas; e financiamento por meio de grandes doações de apenas uma pequena parcela de seus membros.

> "O partido de quadros atende a uma noção diferente. Trata-se de reunir pessoas ilustres, para preparar eleições, conduzi-las e manter contato com os candidatos. Pessoas influentes, de início, cujo nome, prestígio ou brilho servirão de caução ao candidato e lhe granjearão votos; a seguir, pessoas ilustres como técnicos, que conhecem a arte de manejar os eleitores e organizar uma campanha; enfim, pessoas notáveis financeiramente, que contribuem com o fator essencial: o dinheiro" (Duverger, 1970, p. 100).

Alguns autores (Gunther; Diamond, 2003; Koole, 1996[6]; Sartori, 2005) argumentam que, apesar de serem produtos dos regimes censitários, os partidos de quadros (ou protopartidos) sobreviveram ao advento do sufrágio universal sob a forma de partidos elitistas – agremiações dotadas de uma pequena base social e centradas somente em alguns poucos notáveis. Esse tipo de formação tem como característica central o pouco espaço fornecido aos filiados e a contínua dependência estatal para seu funcionamento, seja por meio do financiamento, seja por meio de pessoal especializado[7] (Gunther; Diamond, 2003).

Basicamente, as primeiras formações partidárias consistiam em uniões de grupos parlamentares e se originaram dentro do parlamento. Durante o século XIX, outros grupos que se encontravam fora dos parlamentos nacionais – como sindicatos e outras organizações operárias, associações agrárias e grupos ligados a questões religiosas – criaram organizações partidárias de modo a terem seus interesses representados na arena política.

Duverger (1970) batiza essas novas formações de *partidos de massas*[8] e argumenta que elas consistiam nos tipos modernos de orga-

---

6   Koole (1996) defende que os partidos de quadros não foram extintos com a criação e a consolidação dos partidos de massa, mas se adaptaram aos novos desafios impostos, desenvolvendo uma estrutura organizacional menos voltada aos membros e mais direcionada à própria atuação governamental.

7   O estreitamento das relações entre os partidos políticos e o Estado consiste em um dos temas centrais dos estudos partidários. Segundo Katz e Mair (1995, 2009), os partidos políticos direcionam suas estruturas organizacionais para o interior dos governos, de modo a obter recursos essenciais à sua sobrevivência (principalmente financeiros e de pessoal especializado) que se encontram escassos ou instáveis na sociedade.

8   Duverger (1970) toma o Partido Socialista Francês como base para formular seu conceito de partidos de massas. Esse tipo partidário consistiria no auge da existência partidária ao representar interesses da sociedade – mais especificamente de uma clivagem social – perante o Estado (Ware, 2004).

nizações partidárias, pois não buscavam somente a vitória eleitoral, mas também um maior contato com seus filiados. Nesse sentido, os partidos exógenos inauguraram a figura do membro (ou filiado, adepto) do partido, que contribui com a legenda por meio de cotas regulares – o que se mostra uma ideia genial, pois substitui o financiamento de um grupo restrito por pequenas contribuições de um amplo número de pessoas – e participa de suas atividades, tanto recreativas quanto diretivas.

De modo a englobar todo o contingente de membros, tais agremiações constroem amplas estruturas que visam organizar suas atividades, bem como delimitam a estrutura hierárquica do partido. Soma-se a isso o fato de que os partidos exógenos ao parlamento apresentam ideologia bem delimitada e buscam representar os interesses de clivagens sociais específicas na sociedade.

Os partidos endógenos (quadros) e exógenos (massas) são produtos de seu período. Os primeiros retratam o começo das atividades partidárias e refletem a restrição ao sufrágio, com baixa participação popular na arena eleitoral. Os segundos indicam a maior participação da sociedade e a expansão do sufrágio[9], sendo compreendidos por Weber (2011, p. 88) como "filhos" do sufrágio universal.

Já no período após a Segunda Guerra Mundial, novas formações – ou estratégias organizativas dos partidos – ganharam forma. A primeira, chamada de *partido catch-all*, apresentou as transformações dos partidos políticos para sobreviverem em um novo ambiente em que as clivagens sociais não eram mais tão aparentes. Para isso, as legendas abriram suas estruturas organizacionais aos grupos de

---

9   Os partidos de massas correspondem a uma época muito específica da sociedade; mais precisamente, dizem respeito a sociedades com nítidas divisões sociais e competição eleitoral baseada na representação de clivagens sociais (Martínez González, 2009).

pressão e a profissionais contratados, além de direcionarem seu apelo para mais estratos sociais, enfatizando as características pessoais de seus membros em detrimento do programa partidário[10]. Em síntese, o partido *catch-all* trata da profissionalização dos partidos políticos e da busca por uma maior ampliação de seu eleitorado (Kirchheimer, 1966; Wolinetz, 2009).

Por fim, o estágio atual dos partidos políticos (partidos cartéis) estaria ligado ao seu contínuo afastamento da sociedade e ao crescimento de seu direcionamento para atividades mais processuais, como a organização dos governos (Katz; Mair, 1995). Essa situação estaria relacionada aos custos altos das campanhas eleitorais e às crescentes necessidades pelos recursos que os partidos não conseguem mais extrair da sociedade. Por essa razão, os partidos direcionam seu foco para o Estado, que lhes fornece estáveis recursos financeiros e de pessoal especializado[11] (Katz; Mair, 1995, 2009).

1.2
PARTIDOS POLÍTICOS: INDEFINIÇÃO TEÓRICA

Antes de compreender os caminhos do desenvolvimento da teoria partidária, é necessário responder à seguinte questão: O que

---

10 *Para Martínez González (2009), a teoria do partido* catch-all *é problemática em relação à ideologia, pois não define se o enfraquecimento programático ocorre antes ou depois da ascensão do modelo. Outro problema é que a teoria foi pouco desenvolvida pelo autor, que trata de inúmeros temas, mas não consegue desenvolvê-los.*

11 *A teoria do cartel parte do princípio de que os partidos políticos caminham em direção ao Estado em razão da instabilidade de recursos vindos da sociedade. Outros teóricos (García-Pelayo, 1986; Von Beyme, 1993) argumentam o contrário. Para esses autores, os governos assumem que os partidos políticos são importantes para o funcionamento dos regimes democráticos e, por causa disso, sua sobrevivência deve ser assegurada por meio de recursos financeiros estatais.*

são partidos políticos? Essa pergunta, apesar de simples, propiciou um largo debate nos estudos partidários, mas a resposta para ela, até os dias atuais, não é consensual entre os estudiosos do tema, pois há várias vertentes em disputa para explicar o que de fato são os partidos[12].

Os autores da vertente organizacional, o mais antigo campo de estudos sobre partidos, entendem que os partidos políticos são, acima de tudo, organizações[13]. Seus principais autores, Duverger (1970) e Sartori (2012), argumentam que os partidos políticos consistem em um conjunto de subunidades relacionadas hierarquicamente distribuídas ao longo dos territórios nacionais. Panebianco (2005) parte do mesmo princípio e insere a questão partidária na teoria das organizações, defendendo que o foco do exame sobre as máquinas partidárias deve se concentrar em suas estruturas organizacionais e nas dinâmicas partidárias internas.

Ainda sobre o aspecto organizacional, LaPalombara e Weiner (1966) contribuem com esse debate ao diferenciarem os partidos políticos de outras organizações e, principalmente, ao distinguirem os partidos políticos consolidados daqueles de curta duração (*flash-parties*).

---

12 *O campo de estudos sobre partidos políticos é vasto, mas apresenta uma situação contraditória: não apresenta uma definição aceita (ou poucas) sobre o que é um partido político. Isso ocorre por causa da relação dos partidos com as democracias; com efeito, tal relação influencia as definições partidárias, uma vez que a interpretação sobre o que vem a ser um partido depende da definição de democracia adotada.*

13 *Ware (2004) aponta que os partidos políticos podem ser estudados por um enfoque sociológico, que analisa a influência dos recursos que eles possuem sobre o formato da organização.*

> Os autores elencam quatro características que as máquinas partidárias em formação devem apresentar para se constituírem como partidos políticos: 1) institucionalização: a organização ganha valor em si, ou seja, seus objetivos não são mais os das lideranças, mas os da própria organização; 2) nacionalização de sua estrutura organizacional: refere-se à expansão dos partidos ao longo dos territórios nacionais; 3) exercício do poder de forma individual – ou mediante alianças – por meio de eleições: os partidos políticos são organizações criadas para a disputa eleitoral; 4) disponibilidade de recursos: os partidos necessitam de recursos para sobreviver; para isso, eles retiram recursos de diversas fontes, com o desempenho eleitoral e a contribuição dos membros sendo as principais para sua manutenção (LaPalombara; Weiner, 1966).

Outros autores partem de concepções distintas sobre a diferenciação dos partidos em relação às demais organizações. Para Strøm e Müller (1999), as máquinas partidárias devem ser analisadas com base nos comportamentos que são reflexo de seus objetivos partidários. Segundo esses autores, os partidos têm como objetivos centrais o controle do governo, a implementação de um programa partidário ou o ganho de cargos públicos. Tais objetivos não são coincidentes, entretanto, conforme a necessidade, as agremiações podem alterar sua orientação.

Rucht (1995) é outro autor que também busca distinguir os partidos políticos de outras entidades. Segundo ele, assim como os movimentos sociais e os grupos de pressão, os partidos são grupos intermediários – encontram-se entre a sociedade e os governos. Para esse autor, a diferenciação ocorre de acordo com o local de obtenção dos principais recursos, o grau de hierarquia interna e o modo de operação. No caso dos partidos políticos, esses três fatores são obtidos por meio da atuação eleitoral.

Para Seiler (2000), a indefinição tem origem não no acúmulo de conhecimento sobre os partidos políticos, que é alto e se encontra em crescimento, mas nas estratégias de pesquisa que se concentram na criação de novas interpretações, novos conceitos e novos instrumentos teóricos, em vez de refinarem os já existentes ou avançarem com estes. A criação de novos conceitos e interpretações se mostra importante na medida em que o fenômeno partidário se expande e novos países retornam às atividades partidárias.

Contudo, a grande quantidade de trabalhos existentes para explicar o que são os partidos políticos acaba gerando um número alto de definições partidárias concorrentes, o que aumenta a indefinição no momento de delimitar o significado de *partido político*. Medina (2002) sintetiza bem a situação ao afirmar que existem três definições partidárias: estreitas, intermediárias e amplas. Tais definições constam no Quadro 1.1.

Quadro 1.1 – Definições de partidos políticos

	Definição	Principais autores
Estreita	Partidos são entidades que buscam o controle do aparato governamental através de eleições	Anthony Downs; Giovanni Sartori; Leon Epstein; Sigmund Neumann
Intermediária	Partidos são organizações que apresentam candidatos na arena eleitoral	Joseph LaPalombara; Kenneth Janda; Maurice Duverger
Ampla	Partidos são todas as organizações que se autoidentificam como tal	Max Weber

Fonte: Mayer, 2017, p. 23.

A definição estreita considera que os partidos políticos são somente as organizações que buscam exercer o poder por meio das eleições[14], seja mediante o controle do Executivo, seja pela obtenção de cargos no Legislativo. Ao restringirem a atuação das agremiações a uma atividade principal, os autores buscam limitar o escopo do que pode ser chamado de *partido* e também adotam critérios de relevância entre as próprias legendas. Um dos problemas dessa definição, para Sartori (2012), é que ela exclui partidos ideológicos, que não têm na vitória eleitoral seu objetivo primordial. Como forma de resolver essa questão, o autor acrescenta os partidos ideológicos ao rol de partidos relevantes, pois estes influenciam o sistema por meio de seu programa partidário.

A definição intermediária indica que os partidos políticos são aqueles que apresentam candidatos nas eleições, delimitando seu campo de atuação à arena eleitoral e, principalmente, argumentando que são as organizações que têm exclusividade de atuação naquele campo.

Por fim, a definição ampla considera que são partidos políticos todos aqueles que se entendem dessa forma. O problema dessa definição é que ela pode acabar incluindo como partidos políticos outras organizações, como movimentos sociais e grupos de pressão, perdendo poder explicativo em virtude dessa extensão.

---

14 *A definição estreita, inicialmente, foi mais utilizada por teóricos estadunidenses que consideram que a busca por exercer o governo por meio de eleições moldava a forma como os partidos se organizam (Ware, 2011).*

1.3
CRISE DOS PARTIDOS: SUBSTITUIÇÃO OU ADAPTAÇÃO?

Nas últimas décadas, na bibliografia especializada, questionou-se se os partidos políticos estavam em crise ou atravessando um período de adaptação às mudanças da sociedade (Martínez González, 2009). Para os teóricos da crise, o fenômeno partidário se encontra em declínio, pois o número de membros decaiu, o que acabou por afetar as finanças e as atividades de mobilização partidária (Dalton; Wattenberg, 2000; Katz; Mair, 2009). Outro elemento da crise foi o surgimento de novos partidos e organizações rivais na representação política, o que trouxe a ameaça de substituição dos partidos (Lawson; Merkl, 1988). A perda da confiança da população nos partidos políticos é também um aspecto da crise. Os motivos dessa crise variam de país para país, porém escândalos de corrupção e distanciamento dos partidos em relação à sociedade são apontados pela literatura especializada como os principais catalisadores do declínio (Dalton; Wattenberg, 2000).

A crise decorre da falta de capacidade dos partidos em responder às crescentes novas demandas da sociedade no pós-Segunda Guerra Mundial. A pressão sobre o sistema não ocorre somente pelo sufrágio, mas também pelas cobranças por políticas públicas, inclusão, representação, às quais as legendas tradicionais encontram dificuldades para responder (Martínez González, 2009; Wolinetz, 2009).

Além disso, as mudanças afetam as organizações partidárias e colocam em risco sua própria existência, pois os filiados são mais que uma tradição – eles consistem em uma fonte estável de votos e recursos financeiros para os partidos (Katz; Mair, 2009).

No entanto, os partidos não desapareceram; eles se adaptaram às mudanças sociais e saíram fortalecidos do processo, pois demonstraram grande capacidade de adaptação ao ambiente social e às demandas estabelecidas (Aldrich, 2011; Katz; Mair, 2009; Wolinetz, 2009).

Os teóricos do declínio consideram a estabilidade partidária como um sinal de força dos partidos – e do sistema partidário –, mas não percebem que os partidos mudam o tempo todo, e isso envolve o aparecimento e o surgimento de novas forças que conseguem compreender ou captar os anseios ou revoltas populares. Ademais, os partidos, mesmo com a concorrência de novas organizações, não deixaram de existir, e não se vislumbra, no curto e no médio prazo, outra forma de representação.

Síntese

Neste capítulo, explicamos que as primeiras formações partidárias datam do fim do século XVIII. Entretanto, os partidos políticos modernos surgiram somente em meados do século XIX, com a queda dos regimes absolutistas europeus e o aparecimento das primeiras democracias liberais modernas. Sua expansão ocorreu de modo mais intenso com o sufrágio universal (masculino) no século XIX.

Apesar de sua antiguidade e do número alto de trabalhos sobre o fenômeno partidário, não existe consenso na bibliografia especializada sobre o que de fato é um partido político. Em que pesem as inúmeras tentativas de formulação de teorias gerais – sendo a de Duverger (1970) a mais famosa e utilizada atualmente –, sua construção ainda é distante, visto que uma teoria que buscasse explicar toda a diversidade partidária existente hoje exigiria um extenso grau de abstração, que no fim sacrificaria a compreensão das características partidárias locais.

Feitas essas observações, comentamos que as atuais definições para partidos políticos se restringem a três tipos concorrentes. O primeiro os define exclusivamente de acordo com sua função eleitoral (Downs, 1999). Outros estabelecem que os partidos são organizações que se apresentam em eleições, podendo buscar cargos e votos ou fortalecer suas ideologias (Duverger, 1970; Panebianco, 2005; Sartori, 2012). Por último, os partidos também podem ser definidos conforme a visão de Weber (2002), segundo o qual partidos políticos são todas as organizações que se definem dessa forma.

Por muito tempo, a produção acerca desse tema se concentrou basicamente sobre os países da Europa Ocidental e, em menor medida, sobre os partidos dos Estados Unidos. Contudo, após a terceira onda de democratização, posta em marcha na década de 1970, e o consequente crescimento da quantidade de países democráticos no planeta, o olhar dos pesquisadores também se voltou, em maior medida, para partidos políticos e sistemas partidários ainda pouco teorizados.

Os partidos políticos enfrentaram inúmeros desafios e transformações nas últimas décadas. A maior inclusão da população nos assuntos políticos levou ao aumento de demandas políticas que diversas organizações partidárias tradicionais tiveram dificuldades em processar, o que abriu espaço para novos partidos e novas organizações.

No entanto, mesmo com o crescimento da concorrência interna e externa, os partidos sobreviveram e se fortaleceram por meio da aproximação com o Estado, que lhes garantiu os recursos financeiros e pessoais necessários para seu funcionamento.

Questões para revisão

1. Nem todas as organizações que se autointitulam *partidos políticos* são, de fato, partidos políticos. Nesse sentido, LaPalombara e Weiner (1966) elencam alguns critérios para estabelecer o que são partidos políticos. Quais são eles?

2. A classificação dos partidos-modelo em tipologias é usual na bibliografia especializada. Tais tipologias buscam compreender as características das máquinas partidárias conforme a época. Quais são as quatro principais tipologias e seus argumentos centrais?

3. Os partidos políticos modernos são produtos do fim do século XVIII e começo do século XIX. Segundo Duverger (1970), a que a origem dos partidos se encontra relacionada?
   a) Às guerras pela independência.
   b) Ao surgimento dos parlamentos nacionais.
   c) À origem do capitalismo.
   d) Aos processos de modernização.
   e) Às crises históricas.

4. De que forma os partidos políticos são entendidos pelas definições intermediárias e amplas?
   a) Como organizações que buscam o poder por meio de eleições e como organizações que apresentam candidatos na arena eleitoral, respectivamente.
   b) Como organizações intermediárias e como organizações que apresentam candidatos na arena eleitoral, respectivamente.

c) Como organizações que definem a si mesmas como partidos políticos e como organizações que buscam o poder por meio de eleições, respectivamente.
d) Como organizações que apresentam candidatos na arena eleitoral e como organizações que definem a si mesmas como partidos, respectivamente.
e) Como grupos de interesse e como organizações intermediárias, respectivamente.

5. O que a definição estreita entende por *partido político*?
   a) Organização que busca o poder por meio de eleições.
   b) Organização que define a si mesma como partido.
   c) Organização intermediária.
   d) Grupo de interesse.
   e) Organização que apresenta candidatos na arena eleitoral.

Questões para reflexão

1. As primeiras formações partidárias guardam poucas semelhanças com os partidos políticos dos dias atuais. Muito disso se deve ao período em que elas atuaram (começo do século XIX), o qual foi marcado pelo voto censitário e pela baixa inclusão da população na arena política. No entanto, algumas de suas características se fazem presentes nos dias atuais. Em que medida podemos considerar que alguns partidos são herdeiros dos partidos de quadros?

2. Os partidos de massa surgiram ainda no século XIX por meio da expansão do sufrágio universal (masculino) e da formação dos primeiros partidos externos ao parlamento. Para muitos especialistas, esse modelo representou o auge do fenômeno

partidário. Por que esse modelo consiste no melhor tipo de organização partidária?

Para saber mais

O leitor interessado em aprofundar seus estudos sobre os partidos políticos e os sistemas partidários pode consultar:

DUVERGER, M. **Os partidos políticos.** Tradução de Cristiano Monteiro Oiticica. 2. ed. Rio de Janeiro: J. Zahar; Brasília: Ed. da UNB, 1980.

MICHELS, R. **Para uma sociologia dos partidos políticos na democracia moderna.** Tradução de José M. Justo. Lisboa: Antígona, 2001.

PANEBIANCO, A. **Modelos de partido**: organização e poder nos partidos políticos. Tradução de Denise Agostinetti. São Paulo: M. Fontes, 2005.

SARTORI, G. **Partidos e sistemas partidários.** Tradução de Waltensir Dutra. Rio de Janeiro: Zahar; Brasília: Ed. da UnB, 1982.

SEILER, D.-L. **Os partidos políticos.** Tradução de Renata Maria Parreira Cordeiro. Brasília: Ed. da UNB; São Paulo: Imprensa Oficial do Estado, 2000.

Capítulo 2
Partidos políticos
no Império: luzias,
saquaremas e
o aparecimento dos
primeiros partidos
brasileiros

Conteúdos do capítulo:

- Formação dos partidos políticos latino-americanos.
- Origem dos partidos políticos brasileiros.
- Principais formações partidárias do período.
- Processo eleitoral.

Após o estudo deste capítulo, você será capaz de:

1. compreender a origem dos partidos políticos no país e seu desenvolvimento inicial;
2. relacionar o surgimento dos partidos políticos brasileiros com o de outros países e comparar seu desenvolvimento;
3. diferenciar os primeiros partidos políticos (Conservador e Liberal);
4. explicar o processo eleitoral do período, seu caráter restritivo e os tipos de fraudes que marcaram a época.

Durante o Império, o Brasil conheceu suas primeiras formações partidárias. Ainda que distantes dos partidos políticos atuais, o Partido Conservador (PC) e o Partido Liberal (PL) representam marcas importantes no passado partidário brasileiro, pois foram os mais longevos na história do país. Ambos se assemelhavam mais a clubes ou alianças permanentes de parlamentares do que aos partidos atuais, que têm estruturas organizacionais extraparlamentares e atuantes – mesmo que timidamente, em muitos casos – para além dos períodos eleitorais.

Apesar da longevidade, os dois partidos estavam distantes do conceito que atribuímos aos partidos políticos modernos e, igualmente, estavam distantes da população. Os conservadores e os liberais representavam elementos das oligarquias nacionais: os primeiros representavam as oligarquias rurais, e os segundos, as urbanas. Além disso, opunham visões diferentes sobre a centralização do poder: o PC defendia uma maior centralização na figura do imperador; já o PL apregoava uma maior descentralização administrativa e autonomia para as províncias.

Para exemplificar esse distanciamento com relação à população, cabe observar que o período foi marcado por inúmeras fraudes eleitorais e pelo controle das oligarquias sobre os eleitores. Ademais, as reformas eleitorais atuaram no sentido de restringir a participação da população nos pleitos, sob o argumento de aumentar a qualidade do eleitorado, situação que exibiu o caráter elitista do sistema.

2.1
O SURGIMENTO DOS PARTIDOS POLÍTICOS LATINO-AMERICANOS: RESULTADO DE UM FENÔMENO GLOBAL

Concomitantemente ao surgimento dos partidos europeus ocidentais e estadunidenses, a América Latina conheceu suas primeiras formações partidárias durante a primeira metade do século XIX, com amplo destaque para os partidos tradicionais uruguaios que se originaram na década de 1830, quase ao mesmo tempo que o próprio Uruguai. Não muito distante da conjuntura europeia, essas legendas eram reflexo da união de grupos parlamentares presentes nos primeiros parlamentos da região, ou seja, refletiam o equilíbrio inicial de forças dos períodos de formação dos países.

> A existência dos partidos políticos é quase tão antiga quanto a dos modernos parlamentos nacionais. No decorrer de sua história, a criação e o desaparecimento das máquinas partidárias foram constantes, sendo que algumas dessas formações têm mais de um século de existência, como o Partido Democrata (1829) e o Partido Republicano[1](1854), nos Estados Unidos; o Partido Conservador (1834) e o Partido Trabalhista (1900), no Reino Unido; o Partido Social Democrata (1863), na Alemanha; a União Cívica Radical (1891), na Argentina; o Partido Colorado (1836) e o Partido Nacional (1836), no Uruguai.

Essas informações contestam um dos principais preconceitos com relação à América Latina, segundo o qual a região não tem partidos

---

[1] *Os primeiros partidos dos Estados Unidos surgiram em 1792, com o processo de independência do país, e desapareceram no primeiro quarto do século XIX, em virtude de questões bélicas (Partido Federalista) ou de divisões internas (Partido Democrata-Republicano). Esses dois partidos giravam em torno da centralização do poder: um defendia uma maior centralização (Partido Federalista) e o outro, uma maior descentralização do poder estatal (Partido Democrata-Republicano) (Aldrich, 1995, 2011).*

duradouros. Embora ela seja marcada por rupturas em suas democracias e pela proliferação de partidos políticos de curta duração, existem muitas exceções à visão corrente, sobretudo quanto aos partidos tradicionais uruguaios e colombianos, que datam do século XIX e até hoje estruturam a política desses países (Mayer, 2017).

2.2
A FORMAÇÃO DOS PARTIDOS POLÍTICOS NO BRASIL

Na esteira do processo ocorrido na América Latina, as primeiras protoformações partidárias brasileiras datam da década de 1820, mais precisamente de 1824, ainda no período colonial, para as eleições das cortes de Lisboa[2]. Tais formações, no entanto, constituíam somente meros agrupamentos de parlamentares sem uma estrutura extraparlamentar – ou institucional –, bem como sem vínculo formal entre seus membros (Chacon, 1981). O mesmo cenário foi visto durante o debate sobre a Constituição de 1824[3], no qual os parlamentares se dividiram em facções instáveis sem vínculos entre seus membros e trocavam constantemente de grupos conforme o tema, com união apenas ocasional (Chacon, 1981).

---

2   As cortes de Lisboa foram consequência de revoltas liberais em Portugal – e em boa parte da Europa –, que ocorreram no início do século XIX e visavam à adoção de monarquias constitucionais parlamentares. Seu funcionamento se deu a partir de 1821, com a maioria dos parlamentares originária de Portugal (Chacon, 1981; Motta, 2008).

3   O processo de elaboração da primeira Constituição brasileira foi conturbado. Inicialmente, o confronto pelo predomínio ocorreu entre os grupos radicais e conservadores. Porém, Dom Pedro I ocupou um papel central no processo, ao buscar maiores poderes e o domínio sobre o Legislativo, fato que o levou a fechar o Congresso e a encerrar os trabalhos da Constituinte em 12 de novembro de 1823 (Holanda, 2005).

As primeiras tentativas de formações partidárias no Brasil datam de antes do processo que levou o país à independência. Chacon (1981), em seu trabalho sobre a origem dos partidos políticos brasileiros, expõe que as primeiras tentativas ocorreram em 1821, com os protopartidos constitucionalistas, republicanos e "corcundas", que representavam diversos espectros ideológicos. Entretanto, esses grupos não passavam de facções, sem qualquer vínculo estável entre seus membros, visto que a união entre os integrantes ocorria apenas em virtude de temáticas específicas e não era exclusiva. Após a tentativa frustrada de formação de legendas duradouras, uma segunda tentativa ocorreu na Assembleia Constituinte de 1824.

Durante os trabalhos dessa assembleia, alguns grupos e movimentos tiveram destaque. No primeiro grupo, podemos destacar a ação da sociedade civil, das oligarquias regionais – seja pessoalmente, seja representado por parentes funcionários ou por interesses particularistas – e dos membros da maçonaria (Needell, 2006). Um segundo grupo – ainda sob a forma de facções – continha a gênese do que viriam a ser os dois principais partidos do período: 1) os conservadores, estreitamente ligados ao imperador, pela proximidade com as cortes luso-brasileiras ou por meio de nomeações; e 2) os liberais, que representavam grupos excluídos das nomeações governamentais, os setores urbanos e os profissionais liberais (Needell, 2006).

Não é exagero afirmar que o sistema partidário imperial foi fortemente influenciado pela presença do imperador. Com Dom Pedro I, a existência de partidos foi inviabilizada por causa da centralização na figura do imperador, além do fechamento do Parlamento em 1823, para que o monarca obtivesse controle total sobre o processo constituinte por meio da elaboração de uma Constituição que fosse de seu agrado e lhe garantisse poderes em relação ao Parlamento[4]. A formação de partidos políticos passou a ser possível apenas durante o período regencial (1831-1840), em virtude da ausência imperial, e foi mantida após a maioridade de Dom Pedro II (Holanda, 2005; Faoro, 1958; Fausto, 1995).

Com a abdicação de Dom Pedro I, o espaço para reformas constitucionais se tornou possível, o que, por sua vez, forneceu uma estrutura de oportunidades para a construção dos primeiros partidos brasileiros. No entanto, essa construção não foi harmoniosa como na Inglaterra – em que a formação dos partidos ocorreu com a simples união de grupos parlamentares com posicionamentos semelhantes –, mas se deu por meio de um relacionamento conflituoso entre as elites, marcado por inúmeras revoltas e conflitos armados (Carvalho, 2021; Chacon, 1981; Sartori, 2012; Von Beyme, 1985).

Uma das principais revoltas foi realizada pelo partido da restauração – ou caramurus –, cujos integrantes ambicionavam o retorno de Dom Pedro I ao trono. Esse movimento encontrou muita resistência na sociedade, e suas atividades cessaram com a morte do antigo monarca, em 1834 (Chacon, 1981). Outras revoltas populares e políticas ocorreram no período[5], com destaque para duas revoltas

---

[4] *A Constituição de 1824 estipulava os seguintes ordenamentos: a) adoção de uma monarquia hereditária; b) divisão dos poderes (Executivo, Legislativo, Judiciário e Moderador, sendo o último de prerrogativa do imperador e estando acima dos demais); c) a religião católica como religião oficial do Estado brasileiro, porém o monarca tinha o direito de intervir nos assuntos da Igreja, inclusive nas nomeações do clero; d) voto censitário, indireto, com senado vitalício e indicado pelo imperador (Holanda, 2005).*

[5] *Entre essas revoltas, podemos destacar: a Balaiada, que ocorreu no Maranhão e foi uma revolta popular contra as oligarquias locais; a Cabanagem, que buscava a independência do Grão-Pará; a Sabinada, que intentava uma maior autonomia da Bahia ante o poder central; e, por último, a Revolução Farroupilha, que opôs os liberais (republicanos) aos conservadores (monarquistas) em uma guerra civil no Rio Grande do Sul (Carvalho, 2021).*

organizadas pelos dois maiores partidos do período (Conservador e Liberal), em que ambos buscavam impor sua agenda.

2.3
A CONSTRUÇÃO DOS PARTIDOS NACIONAIS

Dois momentos são considerados fundamentais para o surgimento dos primeiros partidos brasileiros. O primeiro consistiu no debate de 1832 sobre a reforma constitucional, no qual houve a divisão dos grupos moderados a respeito do grau de intensidade de liberalismo que a reforma deveria ter (Needell, 2006). Aqui é importante salientar que tanto a Constituição de 1824 quanto o Império brasileiro tinham orientação liberal – sobretudo do liberalismo econômico – e as reformas buscavam manter ou aprofundar o liberalismo vigente. O segundo momento foi a aprovação do Ato Adicional de 1834, que, entre outros temas, estabelecia eleições diretas para o cargo de regente e para o Senado e a instauração das Câmaras Provinciais (sendo esta a única medida mantida durante o período imperial) (Franco, 1975; Chacon, 1981; Motta, 2008; Needell, 2006). Com a aprovação do ato, a separação entre moderados e reformistas tornou-se mais aparente e possibilitou o surgimento e a consolidação das agremiações partidárias.

A primeira e mais importante consideração é que os dois partidos não poderiam ser classificados como *partidos políticos* no sentido moderno do termo, pois contavam com estruturas organizacionais extremamente precárias – ou inexistentes – e sua atuação se restringia somente às atividades parlamentares. Soma-se a isso o fato de que os partidos imperiais consistiam em pontes para redes clientelistas e patrimoniais, bem como não dispunham de vínculos formais com seus membros (a própria noção de *filiado* inexistia). Por fim, os dois partidos apresentavam indefinições no que dizia respeito às suas ideologias, as quais eram expostas apenas nos pronunciamentos de suas lideranças e/ou por meio de manifestos redigidos pelos líderes (Chacon, 1981; Motta, 2008; Needell, 2006). Portanto, os partidos do período – inclusive o Partido Republicano (PR) – consistiam em organizações débeis dominadas por lideranças locais e sem vínculos fortes entre eles.

> Os partidos de quadros consistem em uma forma antiquada de organização partidária (Duverger, 1970). Diferentemente dos atuais partidos políticos, esse modelo apresenta uma organização sazonal, ou seja, é aparente somente em alguns momentos, sobretudo nos períodos eleitorais, e depois desaparece ou se reduz de modo drástico (Duverger, 1970; Panebianco, 2005). Em virtude dessa peculiaridade e de sua emergência durante os regimes censitários do século XIX, os partidos de quadros não tinham como objetivo central a representação de interesses de grupos sociais, mas somente a de seus membros, os quais se encontravam em número restrito e financiavam a subsistência da máquina partidária por meio de grandes doações. Desse modo, a existência desse modelo ficou reservada aos regimes com restrições à participação política do século XIX e, a partir da expansão do direito ao voto, os partidos políticos existentes ou foram substituídos por novas agremiações ou se adaptaram à nova realidade (Duverger, 1970; Manin, 1995, 2013).

2.4
OS PRINCIPAIS PARTIDOS IMPERIAIS: PROTOPARTIDOS DE LONGA DURAÇÃO

A vida partidária durante o Segundo Império (1842-1889) girou em torno de dois partidos: o PC e o PL, que acabaram por estruturar a competição partidária do período, mesmo que esta fosse marcada por seu caráter excludente. Em que pese o surgimento do PR na década de 1870, este não logrou constituir-se como força concorrente aos dois partidos tradicionais e somente adquiriu relevância – e muito poder – na República Velha, sob a forma de partidos republicanos estaduais (Carvalho, 2002, 2021; Faoro, 2021).

De acordo com Carvalho (2021), para além da escassez de trabalhos sobre os partidos imperiais, não existe consenso sobre suas diferenças, sobretudo ideológicas. Para o autor, as agremiações daquele período se igualavam ou, quando muito, apresentavam pequenas diferenças entre si. Dolhnikoff (2022) concorda com o argumento de Carvalho (2021) e acrescenta que a indefinição quanto à representatividade dos partidos imperiais vem da inexistência de registros sobre seus filiados, programas partidários pouco desenvolvidos e sem grandes diferenças, sem organização etc. Enfim, tais formações não poderiam ser consideradas partidos modernos, sendo meros agrupamentos de políticos em torno de alguns temas e lideranças.

Outras correntes argumentam que as primeiras formações partidárias brasileiras representavam importantes clivagens sociais, mas acabam por discordar sobre qual partido representava o quê. Faoro (2021) defende que os conservadores representavam os agrupamentos urbanos e a burocracia imperial, enquanto os liberais representavam as elites rurais.

Franco (1975) tem uma visão diferente e até mesmo contrária à de Faoro (2021), ao argumentar que o partido representante dos interesses agrários era o dos conservadores e que os liberais representavam os profissionais liberais e os setores urbanos (Dolhnikoff, 2022).

Os partidos do Império – e da Primeira República – são produtos de seu tempo; mais ainda, são produtos de um período em que os nascentes regimes democráticos excluíram grande parte da população do jogo democrático. No caso brasileiro, a exclusão atingiu mulheres, pobres, escravos libertos, escravos, entre outros grupos.

Ou seja, os direitos políticos eram restritos apenas aos membros das oligarquias.

Dolhnikoff (2022) aponta muito bem o peso da escravidão sobre o sistema político. Para a autora, o nefasto sistema escravocrata concentrou o poder nas oligarquias rurais[6] e o ampliou. Foi nesse cenário de exclusão e de concentração do poder político e da riqueza nas mãos de poucos que os partidos foram importados. Coser (2014) sustenta que, durante todo o Império e a Primeira República, os partidos eram vistos com desconfiança pelas elites políticas, pois simbolizavam divisões e poderiam levar a perseguições de todos os tipos e ir contra os interesses nacionais.

Os partidos imperiais nasceram e morreram como partidos de quadros, oligarcas e distantes da população. Não havia interesse das oligarquias em construir partidos modernos, programáticos, tampouco em construir um eleitorado verdadeiramente nacional.

2.4.1 PARTIDO CONSERVADOR

Tanto o PC quanto o PL têm origens ligadas às propostas de reformas do Judiciário na década de 1830. O grupo que viria a formar o agrupamento conservador se posicionou de modo favorável às reformas e à maior centralização do poder, como no Primeiro Reinado (Mattos, 1987). Por causa disso, também ficaram conhecidos como *regressistas* (Bentivoglio, 2010; Dolhnikoff, 2022).

Sua fundação ocorreu em 1837, alguns anos após a independência do país, e a adoção da alcunha *Partido Conservador* se deu apenas em

---

6 Para Mattos (1987), a manutenção da ordem – e do poder da oligarquia do período – passava pela manutenção do sistema escravocrata e do analfabetismo da grande maioria da população brasileira.

1850, sendo anteriormente chamado por seus "membros" de *Partido da Ordem*[7] (Chacon, 1981).

A princípio, o partido foi composto por oligarquias agrárias regionais, moderados, membros da administração da regência que haviam rompido com os radicais – liberais – e alas republicanas. Ou seja, assim como ocorreu com os liberais, os conservadores resultaram da união de diversas correntes presentes na arena política (Motta, 2008). A união desses grupos se deu em razão de dois fatores: 1) a promulgação da Constituição de 1824 e a consequente diminuição dos valores absolutistas e reacionários das facções, em virtude do conteúdo constitucional; e 2) a oposição à regência do Padre Feijó (1834-1837)[8], principalmente nas questões relativas ao federalismo e à condução política do clérigo (Franco, 1975). O então Partido da Ordem não contava com setores da população em sua estrutura (o mesmo ocorria com o PL), e sua base era formada por membros notáveis, sendo um autêntico partido de quadros.

> O PC contou com um número alto de membros notáveis, entre os quais podemos destacar os barões do Rio Branco, de Piratininga e de Cotegipe, o Visconde do Rio Branco, o Duque de Caxias e Rodrigues Alves, que acabou eleito presidente da República no início do século XX.

Apesar da indefinição ideológica, a agremiação tinha algumas bandeiras comuns, que atuaram tanto para unir os parlamentares –

---

7 A literatura sobre o Império apresenta um debate em que se analisa se o Partido da Ordem era ou não uma agremiação separada do PC. Para Needell (2006), tratava-se de uma organização distinta e que teve grande papel na agenda conservadora do período. Salles (2008) discorda ao afirmar que os dados sobre a existência de tal partido são frágeis e que o Partido da Ordem seria somente o apelido dos conservadores fluminenses que exerciam grande influência sobre os rumos do partido.

8 A regência do Padre Feijó foi marcada por inúmeras revoltas. Entre as principais estão a Cabanagem e a Revolução Farroupilha, inclusive de aliados como os liberais moderados.

e as oligarquias – em torno da legenda quanto para nortear as ações desta. Entre esses pontos, podemos destacar a defesa da centralização estatal na figura do imperador[9], de modo a evitar a fragmentação do país[10], e a defesa dos interesses dos setores agrários, em especial dos cafeicultores (Franco, 1975; Love, 1982).

Com o passar dos anos, as diferenças ideológicas entre seus grupos partidários internos diminuíram, de forma que o partido ganhou estabilidade, pelo menos no quesito ideológico. A própria distinção entre os dois principais partidos imperiais decresceu após o período de conciliação entre as duas legendas na década de 1840[11], chegando ao ponto enunciado na célebre frase do Visconde de Itaboraí: "nada se assemelha mais a um 'saquarema' do que um 'luzia' no poder" (Fausto, 1995, p. 180).

Os conservadores dominaram a política do Império com o maior tempo de ocupação do gabinete (27 anos contra 15 anos e cinco meses dos liberais). Porém, houve menos gabinetes conservadores (15) do que liberais (17), fato que demonstrou uma maior estabilidade de seus mandatos. Contudo, seu desaparecimento ocorreu antes do de seus rivais, motivado principalmente pelo fim da escravidão em

---

9 *Os conservadores tiveram influência do pensador francês François Guizot, principalmente na defesa da construção do governo representativo junto com a defesa das liberdades individuais e a construção do Estado (Franco, 1975; Guizot, 2012).*

10 *José Murilo de Carvalho (2021), em sua excelente obra* A construção da ordem, *debate a formação do Brasil e o porquê de a América Portuguesa ter permanecido unida e a Espanhola ter se fragmentado. Para o autor, isso ocorreu pela natureza dos grupos dirigentes, em que as elites brasileiras eram mais homogêneas que as do restante da América Latina.*

11 *Em 1847, Dom Pedro II instituiu um ministério de conciliação entre conservadores e liberais, em que ambos os grupos ocupavam cargos. A partir da década de 1850, o imperador buscou destituir e nomear os ministérios de modo a equilibrar as demandas dos dois grupos (Faoro, 2021).*

1888, pois a maioria de seus membros mais notáveis se encontrava ligada às oligarquias rurais e à emergência da República (Franco, 1975).

2.4.2 Partido Liberal

O PL se formou em oposição ao autoritarismo de Dom Pedro I e à defesa de maior descentralização política (Chacon, 1981; Coser, 2014; Mattos, 1987). Apesar dessa oposição, os integrantes desse partido não se opunham à monarquia, mas aos excessos cometidos pelo imperador, como a criação do Poder Moderador e a centralização estatal, bem como pelo fato de se encontrarem excluídos das principais nomeações imperiais (Chacon, 1981).

Do mesmo modo que os conservadores, a gênese partidária dos liberais se encontra estreitamente relacionada ao Primeiro Império e a seus desdobramentos. Como analisamos antes, o PL se formou em oposição ao autoritarismo da Constituição de 1824 – apesar do fato de essa peça ter sido uma das mais liberais do período –, mais precisamente em resposta à centralização do poder e ao Poder Moderador, que se encontrava acima dos demais poderes (Holanda, 2005; Faoro, 2021).

Durante o período regencial, os membros desse partido se uniram em torno da reforma constitucional, com o objetivo de incluir temas liberais e de descentralização do poder político e administrativo em oposição à centralização monárquica da Constituição (Faoro, 2021). Além dos componentes desse período, a formação do partido contou com a presença de elementos da sociedade civil, como profissionais liberais, advogados públicos e representantes de setores urbanos e de parcelas das oligarquias regionais que se encontravam distantes do poder. Portanto, a legenda, assim como as demais do período, foi produto da união de diversas facções sob uma mesma bandeira (Chacon, 1981; Motta, 2008).

Apesar da ideologia difusa, a ação partidária foi norteada por alguns temas centrais, entre os quais se destaca a defesa das liberdades individuais e da descentralização administrativa, com mais poderes às províncias[12]. Não seria exagero afirmar que os ideais da legenda se aproximavam do liberalismo clássico, especialmente na defesa das liberdades individuais (Rosanvallon, 2002) – da mesma forma que, em um primeiro momento, a questão ideológica para os conservadores se resumiu à iniciativa (e aos valores) de alguns dos membros de destaque, sobretudo por meio de discursos, sendo que a formulação de programas e manifestos programáticos ocorreu após o surgimento e a consolidação do partido (Chacon, 1981).

Uma marca das agremiações imperiais se refere à natureza interna heterogênea delas. O PL não fugiu à regra, pois apresentava um número alto de facções internas que se autointitulavam *partidos*. Isto é, em termos de programas e alianças, tais facções atuavam à margem[13] das agremiações dentro das quais estavam localizadas. Entre os liberais, três facções se destacavam:

1. **Partido Progressista** – Fundado por Teófilo Ottoni, em 1860, foi a primeira facção a adotar um programa partidário. Buscava a conciliação com os conservadores, de modo a construir um gabinete suprapartidário (Coser, 2014).

---

12 *Joaquim Nabuco afirmou que a transformação do PL em um verdadeiro partido ocorreria se a legenda se ocupasse de temas nacionais, e não apenas dos interesses de seus membros. Nabuco sugeriu então o abolicionismo como o principal tema (Coser, 2014).*

13 *Os partidos políticos, salvo exceções, não são organizações unitárias, e seu interior é marcado por disputas internas, de acordo com o grau de organização dos grupos que deles fazem parte – os quais podem adquirir o formato de facções ou tendências (Sartori, 2012; Von Beyme, 1985).*

2. **Partido Histórico** – Composto por jovens lideranças liberais, tinha o objetivo de atualizar a ideologia do partido, de forma que esta acompanhasse o desenvolvimento do liberalismo europeu após a crise de 1848, bem como os avanços dos direitos civis no país.
3. **Partido Radial** – Formado por uma facção do Partido Histórico, defendia uma maior descentralização do Império, mudanças nos sistemas educacional e eleitoral (com eleição e mandato fixo para os senadores, além da eleição dos governadores das províncias) e a abolição da escravidão (Franco, 1975; Chacon, 1981).

> Assim como os conservadores, seus principais opositores, os liberais eram conhecidos como representantes de um partido de notáveis, entre os quais podemos destacar: Teófilo Ottoni, o Barão de Macaé, José Antonio Saraiva, Lafayette Rodrigues, entre outros.

O desenvolvimento do PL gerou como resultado uma nova agremiação, o Partido Republicano (PR), que no período imperial não obteve muito destaque, mas ganhou força na última década do Segundo Reinado, com a abolição da escravidão. Com base nos ideais liberais – sobretudo na descentralização político-administrativa –, os republicanos estruturaram a República Velha.

> Os dois principais partidos do Império também eram conhecidos como *luzias* e *saquaremas*. Inicialmente, esses apelidos foram dados e utilizados de modo pejorativo pelos adversários políticos, mas depois foram adotados pelos respectivos partidos. O termo *saquarema* foi designado aos conservadores em razão do número considerável de membros da legenda residentes no município fluminense de Saquarema – que era, também, a sede para as reuniões do partido. Já os liberais eram chamados de *luzias* em virtude da revolta liberal de 1842, ocorrida na cidade de Santa Luzia, que levou ao conflito entre os liberais e o exército imperial.

2.4.3 Demais partidos imperiais

Durante o Império[14], a vida partidária não girou apenas ao redor de duas legendas. Outras também foram organizadas ao longo do território nacional, porém, com exceção do PR, elas não se consolidaram como agremiações, caracterizando-se mais como projetos de lideranças que foram absorvidos como facções pelas maiores legendas.

Os antecedentes do PR remontam a diversos movimentos pela independência do Brasil, como as inconfidências mineira, baiana e carioca, a Confederação do Equador[15] e a Revolução Praieira[16]. Tais movimentos, além de buscarem a independência do país, ambicionavam a construção de uma república nos moldes da estadunidense. Apesar dos fracassos, essas revoltas angariaram simpatizantes na sociedade, e o discurso republicano encontrou espaço na sociedade civil e na imprensa imperial.

Contudo, o processo de fundação de um partido republicano foi lento e ocorreu apenas em 1875, por meio de uma cisão do PL e da adesão de simpatizantes ao movimento, como representantes de setores urbanos, latifundiários e militares (Franco, 1975; Chacon, 1981). Os republicanos, assim como os liberais, defenderam uma descentralização administrativa maior e o liberalismo econômico, mas com uma distinção importante: a adoção do positivismo como principal doutrina partidária.

---

14 Durante o século XVIII, houve algumas tentativas de formações partidárias, como partidos independentistas e nacionalistas.
15 A Confederação do Equador foi um movimento de cunho separatista iniciado em Pernambuco e que se espalhou pelo Nordeste ainda durante o Primeiro Reinado.
16 A Revolução Praieira foi uma revolta que ocorreu em Pernambuco entre os anos de 1848 e 1850 e que teve como objetivo o crescimento da autonomia das províncias e a proclamação da República.

> O PR contou com muitos integrantes que ganhariam destaque após a Proclamação da República, em 1889, entre os quais se destacam Rui Barbosa, Prudente de Morais e Campos Salles, entre outros.

Em suma, apesar da existência de partidos políticos no país durante o Império – mais precisamente durante a Regência e o Segundo Reinado –, eles estavam longe de consistir em experiências partidárias modernas. A princípio, a união de facções legislativas em partidos seguiu o padrão encontrado na Europa. Entretanto, as legendas do período não avançaram na construção de organizações modernas, muito em virtude do elitismo de suas lideranças e da não inclusão da população tanto na arena eleitoral quanto no interior dos próprios partidos.

> O positivismo pautou os pensamentos republicanos – e militares – do Brasil no século XIX. A doutrina formulada por Augusto Comte tratava de aproximar as ciências sociais das ciências naturais por meio do método científico, de explicações pautadas na observação e da busca por leis imutáveis. O positivismo no Brasil foi disseminado por Benjamin Constant e influenciou o sistema educacional e a separação de poderes entre Estado e Igreja. Tal influência está presente também na bandeira nacional, com o lema "Ordem e Progresso" (Weffort, 1989).

2.5
Eleições: alternância artificial e fraudes

Durante todo o Segundo Reinado, o Brasil teve eleições periódicas em seu interior, as quais forneceram uma imagem democrática ao país e o aproximaram das democracias liberais europeias (Carvalho, 2002; Graham, 1997). A legitimidade do sistema não vinha acompanhada somente da periodicidade das eleições, mas também da participação eleitoral amplamente restrita por parte da população – além de ser censitária – e da organização de partidos políticos.

Contudo, as eleições foram marcadas pela gigantesca presença de práticas clientelistas, as quais envolveram um relacionamento de troca entre Poder Público e atores sociais (Auyero, 2002). Nesse caso, o Poder Público exigia o apoio e a lealdade do poder local e lhe fornecia uma ampla gama de vantagens, como cargos (juízes, delegados e professores) e controle sobre o processo eleitoral (Faoro, 2021; Graham, 1997). A vitória eleitoral não era somente importante pela ocupação do ministério, mas principalmente como demonstração e manutenção da força das oligarquias locais, de modo a controlar o surgimento de forças rivais e também como meio para substituir coronéis[17].

O período contou com a influência – e a interferência – do imperador Dom Pedro II nos assuntos políticos. Sua ação abrangia de questões pontuais até a dissolução do Parlamento e a convocação de novas eleições, de forma a alterar a composição das elites no Congresso e, assim, ter apoio resguardado (Fausto, 1995).

Os gabinetes tinham duração relativamente estável. Quando não se dissolvia, um gabinete era renovado a cada quatro anos por meio de eleições. Entretanto, nem todos obedeciam à determinação desse período. Existiram gabinetes longos, como o do Visconde do Rio Branco (PC), que governou por 4 anos e 110 dias na década de 1870, e outros extremamente curtos, como o do Visconde de Macaé (PL),

---

17 *Tal substituição poderia ocorrer por meio de eleições, no qual o Poder Público apoiaria forças da oposição de forma que estas alterassem a dinâmica do poder local.*

que durou 84 dias, e o de Zacarias de Góis (da Liga Progressista[18]), que ocupou o cargo por somente 6 dias (Chacon, 1981).

Todo o período foi marcado por constantes reformas na legislação eleitoral, de modo a buscar o aumento de representatividade no interior do Parlamento, limitar a atuação do governo sobre os resultados eleitorais e garantir a presença de mais de um partido no interior no Congresso (Franco, 1975; Graham, 1997). Além de mudanças que objetivaram a limitação das interferências do poder central e a ampliação da fragmentação, as reformas também buscavam alterar o perfil do eleitorado – por meio do voto censitário – e das fórmulas eleitorais.

A Constituição de 1824 e a lei eleitoral de 1846, apesar de passarem por reformas, constituíram-se na legislação básica durante todo o período. Inspirada nas leis de outros países (sobretudo da França), a legislação brasileira estabeleceu o voto censitário de dois círculos: somente homens (livres) acima de 25 anos de idade e com renda igual ou superior a 100 mil réis tinham o direito de participar do primeiro círculo. Ex-escravos libertados, homens casados acima de 21 anos ou com patentes militares também podiam participar – apenas – do primeiro círculo, desde que cumprissem o critério de renda (Carvalho, 2002). O segundo círculo era composto por cidadãos inscritos com renda superior a 200 mil réis, valor que era inferior ao dos rendimentos dos funcionários públicos.

A dinâmica das eleições ocorria da seguinte forma: no primeiro círculo, havia a votação para a seleção dos eleitorese, no segundo círculo, estes elegiam os deputados nacionais e provinciais, além de

---

18 *A Liga Progressista (ou Partido Progressista) consistiu em uma dissidência do PL durante a década de 1860, a qual também contou com membros dissidentes do PC. O partido ganhou destaque em seus primeiros anos, mas acabou sendo dissolvido por Dom Pedro II em 1868 (Carvalho, 2021).*

senadores – quando houvesse vaga, pois seus cargos eram vitalícios (Carvalho, 2021). Com relação aos distritos eleitorais, até 1860, cada província elegia um parlamentar. A reforma eleitoral de 1860 buscou ampliar a representatividade e aumentou o círculo eleitoral para três eleitos em cada circunscrição, por meio de maioria simples. Em 1875, o voto distrital foi abolido e o voto provincial retornou, porém os eleitores votavam somente em dois terços da chapa, de modo a garantir que houvesse a representação de diferentes forças partidárias.

A maior transformação da legislação eleitoral do período ocorreu em 1881, com a aprovação da Lei Saraiva – Decreto n. 3.029, de 9 de janeiro de 1881 (Brasil, 1882a). Essa lei foi produto de debates iniciados na década de 1870 para a adoção do voto direto em oposição ao indireto e para a criação de mecanismos de restrição do exercício do voto. Como resultado, a nova legislação modificou o exercício dos direitos políticos, ao aumentar a renda mínima de 100 mil para 200 mil réis e exigir uma comprovação dessa renda, além de proibir o voto dos analfabetos. Somente a elevação da renda não era um grande obstáculo, visto que aproximadamente 50% da população contava com rendimentos iguais ou superiores. Entretanto, a comprovação de renda se mostrou uma barreira importante, pois a maioria dos trabalhadores tinha dificuldades para apresentar seus ganhos. Uma barreira ainda maior foi a restrição ao voto dos analfabetos, que somavam quase 85% da população brasileira.

Quais foram os motivos apresentados para a restrição do exercício dos direitos políticos? As principais justificativas foram: aumentar a qualidade dos eleitores – que, segundo as elites políticas, eram selvagens (ou não civilizados) – e diminuir os casos de violência. Essa postura compartilhava uma visão elitista acerca da participação eleitoral popular, além de gerar nas oligarquias locais a busca pela diminuição dos custos da prática clientelista (Motta, 2008).

Como efeito disso, a representação política do país andou na contramão da tendência mundial, que era a expansão do sufrágio – o Reino Unido, por exemplo, expandiu o número de eleitores de 3% para 15% em 1884, por meio de reformas em sua legislação eleitoral (Carvalho, 2002). O Brasil tinha cerca de 10% da população com direito ao voto, sendo um dos maiores índices do mundo durante o período. Após a reforma, esse índice passou para apenas 0,8% da população em 1882 (Carvalho, 2002).

Durante todo o Império, o Brasil adotou o sufrágio censitário – a renda como critério de acesso ao voto. No entanto, o país não foi o único a adotar tal critério de registro eleitoral – a maior parte dos países ocidentais também o fez. A expansão do sufrágio universal masculino ocorreu durante o século XIX e continuou nos séculos XX e XXI, com a permissão do voto às mulheres e a integrantes de grupos étnicos.

Quadro 2.1 – Adoção do sufrágio universal (masculino)

País	Sufrágio universal masculino
Alemanha	1867
Argentina	1912
Austrália	1858
Brasil	1891
Canadá	1920
Colômbia	1853
Espanha	1869
Estados Unidos	1856
França	1792
Japão	1925
Itália	1912

(continua)

(Quadro 2.1 – conclusão)

País	Sufrágio universal masculino
Portugal	1878
Reino Unido	1918
Uruguai	1918

Fonte: Elaborado com base em Nohlen, 2005a, 2005b; Nohlen; Stöver, 2010.

Como exposto no Quadro 2.1, a expansão do sufrágio universal masculino na maioria dos países ocidentais ocorreu a partir da segunda metade do século XIX e da primeira metade do século XX, com a conquista do direito ao voto pelos trabalhadores. Claro que, em muitos países, essa passagem não ocorreu de forma pacífica. Algumas dessas conquistas, aliás, foram resultado de conflitos violentos (França) ou de décadas de atuação política de movimentos sociais (Reino Unido). No Brasil, essa mudança ocorreu apenas com o fim do Império e a adoção da República, a qual, na Constituição de 1891, aboliu o critério censitário.

O sistema partidário imperial e seus partidos deixaram de existir logo depois do fim do Império, com a proclamação da República, em 15 de novembro de 1889. O novo sistema adotado manteve o antipartidarismo como marca e contribuiu para distanciar ainda mais os partidos brasileiros do restante da sociedade. Todavia, o encerramento do sistema partidário imperial não chegou a ser lamentado por seus membros, pois, apesar de suas longas trajetórias, os partidos imperiais nunca chegaram a se consolidar na sociedade – eles eram apenas instrumentos usados pelos grupos dominantes.

Síntese

Neste capítulo, apresentamos as primeiras formações partidárias brasileiras. O fenômeno partidário é relativamente novo na história da humanidade – as primeiras formações datam do fim do século XVIII e começo do século XIX (Mayer, 2017). Embora mais identificadas com os casos europeus e, em menor medida, com os Estados Unidos, a construção e a expansão dos partidos políticos ocorreram concomitantemente em países de outras regiões, como na América Latina, por exemplo.

Muito dessa situação se deveu à dissolução das monarquias absolutistas e à formação das modernas monarquias constitucionais parlamentares, o que demandou a construção de organizações que buscassem votos junto à população (Ware, 2004). Na América Latina, o cenário mudou, pois a criação de partidos acompanhou a formação dos países após os processos de independência e a construção de seus primeiros parlamentos nacionais (Mayer, 2017).

Contudo, essas primeiras formações se assemelhavam a clubes, pois representavam meras alianças entre membros do Parlamento, sem a construção de organizações extraparlamentares ou vínculos duradouros entre os filiados (Duverger, 1970). Essa situação permaneceu durante boa parte do século XIX na maioria dos países europeus e se alterou quando os operários – com sua organização em partidos políticos e sindicatos – entraram na arena política e eleitoral (Panebianco, 2005; Von Beyme, 1985).

Entretanto, o caso brasileiro não seguiu a mesma dinâmica encontrada na Europa. Os partidos criados e consolidados durante o Império (PC, PL e PR) não chegaram a se constituir como partidos modernos, não passando de alianças estáveis de parlamentares sem grandes vínculos partidários.

A origem dos partidos imperiais está ligada a dois processos históricos da formação do Império brasileiro. O primeiro foi a Constituinte de 1822, que opôs grupos contrários e favoráveis a uma maior centralização do poder na figura do imperador; o segundo ocorreu durante a Regência, em que o embate se concentrava no grau de liberalismo da reforma da carta constitucional.

Dessa situação nasceram os dois maiores partidos do período (PC e PL), que estruturaram o cenário político brasileiro e se revezaram no poder por mais de 50 anos – ambos se constituem como os dois partidos com maior longevidade na história brasileira. A gênese do PC se encontrava nos grupos que defendiam uma maior centralização, além de representarem interesses ligados às oligarquias rurais e aos ocupantes de cargos governamentais. Já o PL surgiu por meio de grupos que defendiam uma maior autonomia das províncias ante o poder central, além de grupos urbanos e profissionais liberais. Na década de 1870, um terceiro partido ganhou expressão, mas sem ameaçar as forças tradicionais: o PR nasceu como uma dissidência liberal, para propor, além da instauração da República, a expansão da questão federativa.

Apesar da regularidade das eleições – que ocorreram no período da formação dos partidos até a dissolução destes, em 1889 –, o sistema partidário e eleitoral do período era amplamente restritivo. Em primeiro lugar, os partidos políticos eram pouco afeitos à participação popular em seu interior. Em segundo lugar, o desenho institucional foi fabricado de modo a excluir boa parte da população da arena eleitoral.

O Império foi marcado pela adoção do voto censitário – por meio da exigência de uma renda mínima para ter direito ao voto (100 mil réis anuais). Para se candidatar, o pretendente precisava receber, no mínimo, 200 mil réis anuais. No entanto, isso não era um grande obstáculo, visto que a maioria dos funcionários públicos tinha rendimentos bem superiores ao exigido. A maior restrição, portanto, estava relacionada à proibição do voto de escravos e de mulheres, bem como à exigência de comprovação de renda.

Com a restrição do voto, as eleições durante o Império foram marcadas por constantes fraudes por parte dos dois partidos que visavam conquistar o poder e manter a estrutura clientelista em suas bases eleitorais – tal estrutura abrangia de favores para a base eleitoral até a nomeação de juízes, delegados, professores e demais funcionários públicos. As fraudes mais famosas consistiam em adulterar as listas e atas de votação e, também, contratar pessoas que se passassem pelos votantes, dado que o voto não era secreto.

De modo a combater as fraudes e a aumentar a representação partidária no Congresso, que tradicionalmente era composto quase exclusivamente pelo partido no poder, o processo eleitoral passou por algumas reformas durante o período. Contudo, a mais famosa (a Lei Saraiva, de 1881) ficou conhecida por restringir o acesso ao voto e diminuir a participação eleitoral para aproximadamente 1% da população, sob a justificativa de estar qualificando o eleitorado.

O sistema partidário do Império chegou ao fim com a instauração da República. Porém, muitos dos partidos presentes na arena política imperial continuaram em posições de destaque no período seguinte, quando o PR (dividido em suas várias subunidades), praticamente irrelevante até então, despontou como a principal força política – com uma nova roupagem, tão antipartidária quanto a dos partidos imperiais.

Questões para revisão

1. O sistema partidário imperial girou em torno de duas grandes agremiações: o Partido Liberal (PL) e o Partido Conservador (PC). Os dois tinham diferenças entre si, mas também semelhanças. Não à toa, nesse período era muito comum ouvir dizer que nada seria mais parecido com um liberal do que um conservador, e vice-versa – o que se tornou um ditado da época. Descreva os pontos centrais que possibilitam estabelecer essa diferenciação entre os dois partidos e comente em que medida eles se assemelhavam.

2. Durante todo o Segundo Império, o Brasil teve eleições regulares, as quais foram marcadas por fraudes e constantes reformas na legislação eleitoral, ora para ampliar o sufrágio, ora para restringi-lo. A chamada *Lei Saraiva*, de 1881, foi a principal lei criada no período. Em que ela consistia e qual foi seu principal efeito?

3. O exercício do sufrágio foi uma constante durante todo o período imperial. Quais foram as características centrais do processo eleitoral imperial?
    a) Sufrágio censitário masculino; sistema distrital misto; constantes fraudes eleitorais; clientelismo.
    b) Sufrágio universal; eleições em dois ciclos; poucas fraudes eleitorais; atuação da sociedade civil.
    c) Sufrágio censitário masculino; eleições em dois ciclos; constantes fraudes eleitorais; clientelismo.
    d) Sufrágio censitário universal; representação proporcional; ampla atuação da justiça eleitoral; atuação da sociedade civil.
    e) Sufrágio masculino; eleições em dois turnos; poucas fraudes eleitorais; clientelismo.

Rodrigo Mayer

4. No período imperial, a restrição do direito ao voto pode ser considerada um retrato da visão que os grupos dirigentes tinham do processo eleitoral. Como essa baixa inclusão era justificada?
   a) Pelas dificuldades encontradas pela Justiça Eleitoral em fiscalizar o processo.
   b) Sob o argumento de que havia necessidade de melhores eleitores.
   c) Com base no voto facultativo.
   d) Pela monarquia.
   e) Como uma ameaça à República.

5. O Partido Republicano (PR) foi a terceira força partidária do período imperial. A que sua origem se encontra relacionada?
   a) Cisão do Partido Liberal (PL); difusão da doutrina positivista; crescimento dos simpatizantes urbanos e rurais.
   b) Cisão do Partido Conservador (PC); difusão da doutrina positivista; crescimento de simpatizantes rurais.
   c) Cisão de ambos os partidos; difusão de ideais social-democratas; crescimento de simpatizantes nas áreas urbanas.
   d) Movimentos sociais externos ao Parlamento; difusão de ideais liberais; crescimento de simpatizantes nas áreas urbanas e rurais.
   e) Movimentos sociais externos ao Parlamento; difusão de ideais comunistas; crescimento de simpatizantes nas áreas rurais.

Questões para reflexão

1. O fim do século XVIII e o início do século XIX apresentaram uma novidade no cenário político mundial: a construção de partidos políticos. As primeiras formações mudaram muito com o tempo, passando de clubes parlamentares para agremiações de massas. No entanto, no Brasil, esse processo somente ocorreu na República de 1946. Diante do exposto, reflita: Quais podem ter sido os motivos para essa passagem não ter acontecido durante o período imperial?

2. No decorrer de mais de 60 anos de existência, o sistema partidário imperial teve dois partidos (Conservador e Liberal) como protagonistas. Apesar das semelhanças, os dois diferiam em questões pontuais, como base de apoio (rural ou urbana), aceitação ou rejeição de pontos da Constituição (centralização ou descentralização administrativa), entre outros.
A proximidade entre os competidores não é incomum na história, nas últimas décadas, a semelhança entre os partidos alimenta debates no mundo todo. Nesse sentido, como podemos diferenciar os partidos políticos? Para sua reflexão, considere os motivos que levaram os partidos brasileiros a buscar uma aproximação entre si no decorrer da história.

Para saber mais

O leitor interessado em conhecer mais sobre o período imperial pode consultar:

CARVALHO, J. M. **A construção da ordem/Teatro de sombras.** 15. ed. Rio de Janeiro: Civilização Brasileira, 2021.

Rodrigo Mayer

CHACON, V. **História dos partidos brasileiros**. Brasília: Ed. da UnB, 1981. (Coleção Temas Brasileiros).

COSER, I. O conceito de partido no debate político brasileiro 1820-1920. **Ler História**, v. 67, p. 107-127, 2014. Disponível em: <http://journals.openedition.org/lerhistoria/874>. Acesso em: 14 jan. 2024.

DOLHNIKOFF, M. **História do Brasil Império**. São Paulo: Contexto, 2022.

FAORO, R. **Os donos do poder**: formação do patronato político brasileiro. São Paulo: Companhia das Letras, 2021.

FAUSTO, B. **História do Brasil**. 3. ed. São Paulo: Edusp, 1995. (Coleção Didática, v. 1).

FREYRE, G. **Casa-grande e senzala**. 51. ed. São Paulo: Global, 2006.

MATTOS, I. **O tempo saquarema**: a formação do Estado Imperial. São Paulo: Hucitec, 1987.

Capítulo 3
Primeira República:
partidos regionais e
o antipartidarismo
como regra

Conteúdos do capítulo:

- Aversão dos grupos dirigentes à existência de partidos políticos.
- Manutenção dos problemas de representação do período imperial.
- Dinâmica eleitoral.
- Tentativas de construção de partidos nacionais.
- Representação partidária na Era Vargas.

Após o estudo deste capítulo, você será capaz de:

1. explicar a manutenção do sentimento antipartidário, da restrição ao sufrágio e das fraudes eleitorais, mesmo com a troca de regime;
2. determinar o impacto do federalismo do período sobre o sistema partidário;
3. compreender o funcionamento do coronelismo no sistema político;
4. relacionar as tentativas de partidos nacionais e as representações partidárias na década de 1930.

Com o fim do Império, um novo sistema político e partidário se fez necessário. As duas principais forças partidárias do Império – os conservadores e os liberais – não sobreviveram ao novo período, e seus membros e oligarquias foram absorvidos pelos nascentes partidos republicanos regionais. Tanto o Partido Liberal (PL) quanto o Partido Conservador (PC) sentiram o impacto da abolição da escravidão em suas estruturas, além do descrédito diante da opinião pública – mesmo que incipiente. Na realidade, a participação dos republicanos[1] – e da sociedade civil – na queda do Império foi secundária, pois os militares ocuparam o principal papel no processo e exerceram domínio nos primeiros anos da República[2], ainda mais com a eleição do Marechal Deodoro como primeiro presidente do país.

O período foi marcado pelo predomínio de ideais descentralizadores que incidiram na esfera administrativa. Estados, ou províncias, adquiriram autonomia administrativa – tanto que tinham constituições próprias, embora respeitassem a Constituição nacional – e a capacidade de obter empréstimos sem a autorização do governo central (Chacon, 1981). Porém, tais ideais também geraram consequências na esfera política, com a formação de um sistema partidário regionalizado e hostil à construção de partidos políticos nacionais (Franco, 1975; Motta, 2008).

---

1   O *descrédito dos partidos tradicionais contou com a colaboração de grupos positivistas, militares e partidários e com a opinião pública (Franco, 1975).*
2   *O exército – e, consequentemente, os militares – conquistou muito poder político após a Guerra do Paraguai (1864-1870), convertendo-se em uma espécie de partido político extraparlamentar e colaborando com o descrédito das agremiações imperiais (Franco, 1975).*

3.1
O NOVO SISTEMA PARTIDÁRIO COMO REJEIÇÃO AOS PARTIDOS NACIONAIS

A República brasileira foi inaugurada com um novo "sistema" partidário. O novo formato tinha raízes no período imperial – precisamente no antigo Partido Republicano (PR) –, tanto em relação ao nome quanto em relação à fragmentação do partido em grupos regionais sem laços formais entre si (Franco, 1975; Schmitt, 2000).

No primeiro momento, houve a formação de vários partidos republicanos nas províncias, os quais representavam os interesses das oligarquias locais, embora não estivessem formalmente vinculados entre si. Essa opção estava de acordo com os termos do Manifesto Republicano de 1870[3], que defendia uma maior descentralização política e administrativa (fruto da presença dos republicanos no antigo PL), além de expor a fragmentação do partido, que nunca se constituiu como um partido nacional (na realidade, nunca aspirou a isso), e sim como uma federação de partidos regionais (Chacon, 1981).

A principal marca dos partidos políticos durante a Primeira República foi a rejeição a toda e qualquer forma de centralização, o que se refletiu na organização dos partidos políticos, que negaram a construção de organizações partidárias nacionais, sob o argumento de fortalecer a autonomia e os interesses locais. A sociedade civil se encontrava desorganizada durante boa parte desse período, e

---

3 *O Manifesto Republicano fazia alusões ao isolamento político do país ante a comunidade internacional e propunha a adoção da República e o federalismo como soluções para as mazelas do país (Chacon, 1981).*

as primeiras formações sindicais surgiram como herança do processo de emigração europeia[4] (Colombo et al., 2004).

Somado a essas questões, o ambiente vivido no Brasil era profundamente antipartidário e contaminado por diversas formas de fraudes eleitorais, que diminuíam os incentivos para a construção não só de partidos políticos nacionais como também de partidos modernos, além de aumentar o descrédito dos partidos ante a incipiente opinião pública, pois ainda persistia uma visão pejorativa acerca da participação popular na arena política (Kinzo, 1993; Motta, 2008).

Os novos partidos e a Primeira República brasileira em geral foram muito influenciados pelos Estados Unidos. Com relação aos partidos, essa influência se resumiu a uma maior força das lideranças regionais em detrimento das lideranças eminentemente nacionais (Motta, 2008). Obviamente, havia lideranças nacionais na política estadunidense; entretanto, a dinâmica estadual tinha peso e apresentava muitas diferenças entre os estados. Para termos uma ideia, chegou-se ao ponto de almejar uma aproximação entre democratas e republicanos de acordo com os estados de origem. Ou seja, a depender do local de origem, um republicano poderia aproximar-se de uma visão democrata (ou republicana) ou vice-versa, independentemente do posicionamento da maioria no partido do qual fazia parte (Key Jr., 1962).

Tal influência, no entanto, não se resumia apenas às questões partidárias, abrangendo principalmente o ideário que a República deveria ter. Precisamente, as oligarquias da Primeira República se inspiraram no desenho institucional estadunidense para construir

---

4   *A emigração europeia trouxe consigo não apenas mão de obra para as fazendas cafeeiras, mas também ideais socialistas e anarquistas que auxiliaram na construção dos primeiros sindicatos e movimentos sociais brasileiros (Colombo et al., 2004).*

a República brasileira⁵. A adoção do federalismo veio nessa esteira, com inspiração nos teóricos federalistas para a construção do desenho institucional da nação, em que cada estado teria uma constituição particular, além da possibilidade de contrair empréstimos internacionais e construir polícias próprias, que consistiriam em verdadeiros miniexércitos sob o domínio do presidente da província (Motta, 2008). A própria denominação do dirigente providencial (*presidente*) enfatiza o fascínio que o federalismo exerceu ao se rejeitar a centralização.

O fascínio era tamanho que surgiram propostas para mudar a bandeira nacional, pelas quais a bandeira republicana – com seu lema positivista – seria trocada por outra inspirada na bandeira estadunidense, com listras e estrelas na cor da bandeira nacional (Faoro, 2021).

Portanto, o federalismo surgiu como reação à centralização imperial. Essa doutrina moldou os partidos políticos do período, não com base na construção de partidos nacionais que davam autonomia às suas subunidades regionais, mas com base na rejeição da ideia de organizações nacionais que, de alguma forma, pudessem exercer controle sobre as oligarquias locais. O federalismo ainda garantiu um elevado grau de autonomia para as províncias e, consequentemente, para as oligarquias regionais (Franco, 1975; Chacon, 1981).

> Os federalistas foram autores estadunidenses que repensaram conceitos centrais sobre o Estado, como Constituição, República e o federalismo no século XIX (Grohmann, 2001). Sobre as constituições nacionais, os autores atualizaram o debate ao não considerarem as cartas constitucionais somente como conjuntos de regras, mas como documentos que tratavam do passado e do futuro de cada nação (Madison; Hamilton; Jay, 1993).

---

5 *A inspiração também refletiu no nome do Brasil. Após a proclamação da República, o país adotou a denominação* Estados Unidos do Brasil, *o que perdurou até a Constituição de 1967, quando passou a se chamar* República Federativa do Brasil.

> Esses autores rediscutiram e alteraram o conceito de *República*, o qual, até então, era identificado com as cidades-estados italianas e outras pequenas localidades. Para eles, a República pode abranger uma grande extensão territorial, como os Estados Unidos, por exemplo. A democracia, nesse caso, seria uma forma de governo em que o poder é exercido por um pequeno número de cidadãos eleitos.
>
> O conceito de *federação* também deixou de ser entendido de modo mais extenso: em vez de se referir às divisões (federações) internas de um país, passou a compreender o país e suas subunidades, ligados por meio de um poder central (Madison; Hamilton; Jay, 1993).
>
> Outra contribuição dos autores federalistas – talvez a maior – foi delimitar a atuação dos governos. Segundo eles, em virtude da natureza humana, há uma necessidade de controlar a ação governamental por meio da separação dos poderes e do equilíbrio entre eles – com o Executivo tendo poder de veto sobre as ações legislativas e o Judiciário atuando como "guardião" da Constituição (Grohmann, 2001).

Todo esse processo resultou na criação de partidos políticos estritamente regionais. Precisamente, a vida partidária girava em torno de um único partido decomposto em vários partidos regionais sem vínculos formais entre si, os quais representavam as oligarquias regionais. Os partidos republicanos tinham contrapartes em todos os estados da Federação, como o Partido Republicano Paulista (PRP) e o Partido Republicano Mineiro (PRM), os dois mais poderosos do período. Também houve partidos republicanos no Paraná, na Bahia, no Amazonas, no Rio Grande do Sul, em Pernambuco e em outros estados.

A constituição interna desses partidos era um caso à parte. Como a oposição era reduzida, quando não inexistente, as subdivisões partidárias absorviam toda a dinâmica das políticas local e nacional. Essa absorção resultava na coexistência de grupos rivais no interior de um único partido, os quais disputavam o domínio da legenda e os benefícios dessa situação. Isto é, a fragmentação e a disputa não ocorriam no processo eleitoral, mas em conflitos internos de uma única legenda que concentrava toda a política da região.

Podemos argumentar que a fragmentação do sistema não era aparente, mas interna. Segundo Motta (2008), os partidos republicanos consistiam em amplas alianças ou coalizões de oligarquias municipais, regionais e familiares, muitas vezes dominadas por coronéis: "Os Partidos Republicanos regionais dominavam então a política de seus estados de cima a baixo, quer dizer, desde as menores localidades até as capitais, através de um sistema de alianças ligando as elites dos diversos rincões do Estado em torno da mesma organização" (Motta, 2008, p. 43-44).

Ou seja, os partidos do período exibiam os mesmos aspectos negativos dos partidos imperiais e não se aproximavam do formato moderno. Pelo contrário, novamente exibiam características de partidos de quadros, com predominância de elites em seu interior e uma organização quase inexistente, constituindo-se como clubes políticos. A política e a participação política continuavam restritas a pequenos grupos, com baixa participação da sociedade civil no interior dos partidos e no processo eleitoral como um todo (Motta, 2008).

Não seria exagero afirmar que, durante a Primeira República, o país atravessou um período de partido hegemônico, apesar da existência de inúmeros partidos regionais que, em essência, representavam um único partido espalhado por todo o território nacional. Essa afirmação, ainda que forte, pode ser tomada como verdadeira, pois, além da não alternância de poder nos níveis nacional e local, havia poucos incentivos – quase nenhum – para a construção de partidos de oposição competitivos ou para qualquer outra forma de oposição.

> Sartori (2012) faz uma importante distinção entre sistemas de partido único e sistemas de partido hegemônico. Segundo o autor, o primeiro tipo é marcado pela ausência de qualquer oposição, em que apenas o partido oficial é autorizado a funcionar. Por sua vez, os sistemas hegemônicos têm uma dinâmica distinta, com a autorização da participação de oposições, mas estas se encontram reduzidas ou são irrelevantes para o sistema como um todo – somente uma agremiação tem condições de assumir o poder (Sartori, 2012).

3.2
Primeira República: a formação de um novo sistema partidário

O período anterior (Império) foi marcado pela forte rejeição aos partidos políticos por parte das elites. Elas aceitaram, mesmo a contragosto, a novidade trazida da Europa e não buscaram ir além de partidos de quadros. A Primeira República manteve e ampliou a resistência das elites contra os partidos políticos, que eram tratados como antinacionais, fontes de conflitos, discórdia e todos os males que uma sociedade pode ter (Coser, 2014).

Apesar da resistência, o controle dos partidos e de suas estruturas organizacionais era de grande importância para as lideranças, pois evitava conflitos que possibilitariam cisões nos partidos (Ricci, 2021). Outro aspecto importante era a profissionalização da política. Para Perissinotto, Massimo e Costa (2017), havia a necessidade de existir uma trajetória prévia que possibilitasse chegar aos cargos nacionais. O argumento dos autores é corroborado por Ricci (2021), que pontua a importância da burocracia interna na definição das candidaturas dos partidos.

Os jornais também eram de suma importância na vida dos partidos da Primeira República. Massimo (2022) e Ricci (2021) destacam o papel desses instrumentos. Os autores apontam que os veículos eram de propriedade dos partidos e que executavam funções que possibilitavam o funcionamento do sistema, como divulgação dos locais de votação, divulgação dos manifestos partidários, publicação das opiniões de seus candidatos e ataque aos opositores (Massimo, 2022; Ricci, 2021).

Quanto ao marco legal, a Primeira República não trazia muitas novidades em relação ao período imperial. A nova legislação manteve boa parte do marco legal anterior, mas atualizou alguns pontos. O voto censitário foi excluído e, assim, o critério de renda deixou de ser condicionante para o voto. No entanto, mulheres e analfabetos continuaram proibidos de votar, fato que excluía um número grande de cidadãos da arena política (Carvalho, 2002). A República também manteve o voto aberto e a inexistência de uma justiça eleitoral independente – o que contribuía para a ocorrência de fraudes, tão frequentes durante o Império (Carvalho, 2002; Faoro, 2021).

Todas essas questões impediram que a política e os partidos obtivessem avanços verdadeiros em relação ao período anterior. Na realidade, a Primeira República consistiu em um retrocesso na questão política e democrática, visto que manteve baixa a participação da população e, ao mesmo tempo, concentrou toda a política partidária em apenas um partido (e não mais em duas forças), desfrutando da ausência de uma força de oposição (Faoro, 2021).

Todavia, a não alternância de poder não era uma novidade na política brasileira, uma vez que isso acontecia – mesmo de modo artificial – durante o Império, muito por causa da vontade do imperador e como estratégia de alternância e/ou substituição das oligarquias locais (Chacon, 1981).

De acordo com Coser (2014), as elites políticas daquele período acabaram por travar a emergência de novos partidos por meio da política dos governadores implementada durante a presidência de Campos Salles. Isso ocorreu pela centralização das discussões no interior do PR. Ele se tornou, na prática, um partido único, em que todos os interesses das elites eram processados em seu interior de forma a controlar dissidências e aprofundar a exclusão da população da arena política.

Aliado a essa questão, havia o problema eleitoral, em que o sistema – com frequentes fraudes – apenas fornecia uma aparência democrática. A eleição nacional somente referendava as decisões, os acordos e as eleições internas dos partidos republicanos, que representavam, por seu turno, o verdadeiro local de disputa eleitoral (Franco, 1975). Ou seja, para garantir a vitória eleitoral, bastava somente ganhar a indicação da sucursal local do PR – as eleições eram meras formalidades.

Se a política era profundamente regionalizada, como o jogo nacional se organizava? A política do período se resumia a constantes acordos e alianças entre as lideranças regionais, que eram costuradas de modo a manter um modelo *clientelista* e *coronelista*, conforme os termos formulados por Victor Nunes Leal (2012). O poder local, portanto, fornecia apoio ao governo central em troca de autonomia.

> O clientelismo não se resume apenas à simples troca de favores por votos ou apoio, mas abrange um amplo sistema social (Auyero, 1997). O fenômeno envolve a criação de uma vasta rede de lealdades que presume obrigações entre as partes. Segundo Auyero (1997), o clientelismo ganhou espaço com o enfraquecimento – ou a ausência – de políticas sociais de bem-estar.

O pacto entre o governo central e os grupos regionais foi estabelecido durante o governo de Campos Salles (1898-1902) e denominado *política dos governadores* (Bertolli Filho, 2003; Faoro, 2021). Em suma, essa aliança se constituía em um acordo entre o governo central e as oligarquias regionais, em que o governo central não intervinha nas questões relacionadas às localidades, e estas, em troca, davam apoio irrestrito aos candidatos governistas (Franco, 1975; Bertolli Filho, 2003).

Segundo Leal (2012), o coronelismo[6] consistia em um amplo sistema político e social localizado no nível regional, em que havia compromisso entre os setores público e privado para o domínio da política. O funcionamento desse sistema ocorria da seguinte maneira: o poder central dava autonomia para o poder local – representado na figura do coronel[7] –, e este fornecia votos e apoio ao primeiro (Leal, 2012).

Embora fosse basicamente uma relação de troca entre o governo e as lideranças locais, ela ocorria de modo assimétrico, pois o Poder Público – mesmo necessitando de votos – tinha uma quantidade de poder superior à do coronel, que não era capaz de se sustentar sem o compromisso firmado com o governo central. Ou seja, o Poder Público tinha a capacidade de selecionar qual coronel auxiliaria ou enfraqueceria, de modo a ter seus desejos e ambições atendidos (Leal, 2012).

O coronelismo também auxiliava nas fraudes eleitorais – tão presentes não só nesse período, mas desde o princípio das atividades partidárias no Brasil –, sobretudo pela relação de dependência que o trabalhador rural tinha com o poder local, além de exercer

---

[6] *Como efeitos secundários, o coronelismo gerava o mandonismo, ofilhotismo e fraudes eleitorais e auxiliava na desestruturação dos serviços públicos (Leal, 2012).*

[7] *Apesar de ser identificado somente como um grande proprietário rural, o coronel era uma liderança local ligada à questão da propriedade, mas que também poderia ter outros atributos profissionais, como formação em Medicina ou Direito, por exemplo (Leal, 2012).*

pressão sobre os delegados, os juízes e os demais membros do Poder Público (Leal, 2012).

Para garantir o funcionamento do sistema de apoios, era preciso mais do que uma aliança entre o Executivo e as oligarquias; era necessário garantir que a oposição não obtivesse acesso ao Parlamento. Como forma de atingir esse resultado, foram formulados vários mecanismos – legais e informais – de modo a limitar o acesso de grupos oposicionistas ao Congresso. O mais célebre consistiu na criação de uma comissão constituída por parlamentares próximos ao Executivo, que verificavam a autenticidade das atas e dos resultados eleitorais e poderiam barrar candidatos da oposição, o que de fato acontecia quando estes atravessavam o crivo eleitoral. Em virtude disso, a comissão verificadora ganhou o apelido de *degola* (Bertolli Filho, 2003; Faoro, 2021).

Essa política garantia a exclusão das oposições do jogo democrático e fortalecia o poder das oligarquias rurais. Com base nisso, podemos questionar se a Primeira República consistia em uma democracia – já que havia eleições regulares – ou se era uma oligarquia, uma vez que excluía os setores da oposição do processo político e restringia o acesso da maioria da população ao sufrágio, mantendo o aspecto elitista do período imperial.

3.3
As eleições na Primeira República

Para Ricci e Zulini (2014), as eleições do período não eram mera formalidade e as fraudes faziam parte do jogo político. Ricci (2021) reforça esse ponto ao argumentar que as irregularidades do período devem ser compreendidas como parte do jogo e do conflito partidário na Primeira República.

Entre 1894 e 1930, as eleições para deputados e senadores na Primeira República ocorreram a cada três anos, sem interrupções. A Câmara baixa era composta por 212 deputados, e a alta, por 60 senadores escolhidos nas províncias, com tamanhos distintos de distritos eleitorais, tanto uninominais quanto plurinominais (Ricci; Zulini, 2014).

Outra característica desse período referente à determinação do número de distritos (e também da quantidade de eleitores em cada um) foram as reformas na legislação eleitoral de 1904 e 1916, que redefiniram os tamanhos de cada distrito eleitoral, bem como incluíram – timidamente – a participação da justiça no processo eleitoral (Ricci; Zulini, 2014).

De todo modo, os principais locais de disputa eleitoral se concentravam nos municípios brasileiros, que eram responsáveis pela viabilização do pleito eleitoral por meio da organização do processo – alistamento do eleitorado e seleção dos locais de votação –, de sua execução – votação e apuração dos resultados – e da verificação de sua legalidade. Os municípios também consistiam nas principais arenas de conflito político, visto que, nas demais esferas, o conflito era restrito ou inexistente, em razão da homogeneidade das oligarquias (Ricci; Zulini, 2014).

O processo eleitoral do período dispunha de um complexo aparato burocrático, o qual era alvo do controle por parte das elites partidárias (Zulini, 2021; Zulini; Ricci, 2021). O alistamento[8] era a primeira etapa e correspondia à definição da lista dos eleitores, da composição das mesas eleitorais e da definição das seções eleitorais e dos locais de votação nos municípios. O ato de votar consistia na

---

8   O alistamento era sujeito a fraudes na confecção das atas e, por isso, seu controle era disputado pelas lideranças partidárias (Ricci, 2021).

segunda etapa, e a apuração dos votos, na terceira. Por fim, na terceira etapa ocorria o reconhecimento dos resultados eleitorais por meio de uma comissão formada por parlamentares (Ricci; Zulini, 2014; Ricci, 2021; Zulini, 2021; Zulini; Ricci, 2021).

A Justiça Eleitoral representava um caso à parte no período. Não existiam Tribunais de Justiça Eleitoral no Brasil antes de 1932. Porém, os magistrados participavam do processo como membros das comissões que regulamentavam as votações e que puniam os desvios de conduta. Na prática, os juízes e demais membros do Poder Judiciário atuavam como braços político-jurídicos do sistema de poder local e legitimavam as constantes fraudes do processo eleitoral, garantindo uma imagem de lisura. Eles eram próximos do coronel e, em muitos casos, eram membros das mesmas famílias ou dependiam de indicação para serem nomeados (Ricci; Zulini, 2014).

Apesar de toda essa conjuntura – fraudes, restrição à participação de eleitores e de partidos políticos oposicionistas, além de um antipartidarismo acentuado –, o período teve, ao todo, 11 eleições parlamentares e presidenciais[9], contando com os votos de um restrito contingente de eleitores. Em tais eleições, a concorrência surgiu mais pelas cisões e dissidências dentro da oligarquia dominante do que pela organização de uma oposição partidária ferrenha. A maior parte dos presidentes da Primeira República pertenceu aos estados de São

---

9 *O período contou com a primeira reeleição presidencial ou, para sermos mais exatos, com o primeiro presidente eleito duas vezes para o cargo. Rodrigues Alves foi presidente de 1902 a 1906 e, em 1918, lançou-se candidato novamente, sendo mais uma vez eleito. Porém, ele não chegou a assumir a presidência porque morreu, vítima da gripe espanhola, em 1919. Uma nova eleição escolheu Epitácio Pessoa para o cargo.*

Paulo e Minas Gerais[10], com algumas exceções, como o Marechal Hermes da Fonseca, eleito pelo Partido Republicano Conservador (PRC) do Rio Grande do Sul, e de Nilo Peçanha, pertencente ao Partido Republicano do Rio de Janeiro – no entanto, Peçanha não foi eleito presidente, mas vice-presidente, tendo sido alçado à chefia do Poder Executivo em razão do falecimento do então presidente Afonso Pena, em 1909[11]. No caso do Marechal Hermes, sua candidatura e êxito foram motivados por uma cisão na política do café com leite[12], causada pela tentativa de São Paulo de eleger novamente um presidente local (Bernardino Campos) em vez de alternar com Minas Gerais (Chacon, 1981).

Quadro 3.1 – Eleições presidenciais na Primeira República[13]

Eleição	Candidatos*	Votos (%)
1891	Marechal Deodoro da Fonseca (sem partido)	55,1
	Prudente de Morais (PRC)	41,4
1894	Prudente de Morais (PRC)	80,1
	Afonso Pena (PRM)	11,0

(continua)

---

10 Com exceção do Marechal Deodoro e do Marechal Floriano, por serem militares, todos os demais presidentes pertenceram a partidos, com predominância do Partido Republicano Paulista (PRP), que elegeu cinco presidentes, sendo que dois não chegaram a assumir o poder: Rodrigues Alves, em 1919 (veja nota anterior), e Júlio Prestes, em 1930 (deposto pela revolução do mesmo ano). O Partido Republicano Mineiro (PRM) elegeu quatro presidentes. O Partido Republicano Constitucional e o Partido Republicano Conservador (PRC) elegeram um presidente cada.

11 O único caso em que um vice-presidente assumiu o poder após a morte de um presidente ocorreu em 1909: Afonso Pena morreu e deu lugar a Nilo Peçanha.

12 A política do café com leite foi um acordo entre as elites de São Paulo e de Minas Gerais sobre a alternância do poder durante a República Velha.

13 As eleições de 1891 ocorreram de modo indireto, com o Congresso Nacional escolhendo o presidente. A eleição para vice-presidente também era realizada separadamente.

(Quadro 3.1 – conclusão)

1898	Campos Salles	90,9
	Lauro Sodré (PRC)	8,4
1902	Rodrigues Alves (PRP)	91,6
	Quintino Bocaiuva (PRF)	6,5
1906	Afonso Pena (PRM)	97,9
	Outros	2,1
1910	Hermes da Fonseca (PRC/RS)	64,3
	Rui Barbosa (PRP)	35,5
1914	Venceslau Brás (PRM)	91,5
	Outros	8,5
1918	Rodrigues Alves (PRP)	99
	Outros	1
1919	Epitácio Pessoa (PRM)	70,9
	Rui Barbosa (PRP)	28,8
1922	Artur Bernardes (PRM)	59,4
	Nilo Peçanha (PRF)	40,4
1926	Washington Luís (PRP)	99,7
	Outros	0,3
1930	Júlio Prestes (PRP)	59,3
	Getúlio Vargas (PR/RS)	40,4

Fonte: Elaborado com base em Pires, 1995.
*Confira a lista de siglas partidárias ao fim do livro.

Como mencionamos anteriormente, as eleições do período se constituíam basicamente em pleitos entre as oligarquias. Os candidatos que escolhiam a oposição o faziam como resultado de dissidências internas. Esse fato se expressou na diferença de votos entre os candidatos, como podemos observar no Quadro 3.1. Isto é, poucas eleições foram razoavelmente competitivas. Na maioria delas, o candidato vencedor (e oficial) não teve dificuldades e, em seis casos, ele atingiu porcentagens de voto acima de 90%.

A rotatividade – ou alternância – do poder se encontrava restrita à oligarquia dominante (sobretudo a cafeeira). Portanto, não havia uma disputa real entre dois partidos opostos ou concorrentes pelo Executivo, mas disputas intraoligárquicas. Nesse ponto, cabe tecermos um importante questionamento: Até que ponto a Primeira República pode ser considerada uma experiência democrática? Isso pode ser questionado porque, além do domínio de somente um tipo de partido (os partidos republicanos regionais), a exclusão de qualquer oposição a esse sistema (já que a oposição ocorria somente dentro da oligarquia e era mais uma disputa pelo poder interno do que uma oposição programática organizada fora do partido), aliada à restrição do direito ao voto a mulheres e analfabetos, aproximava o sistema de um regime oligárquico.

A artificialidade da competição acabou cristalizando o sistema eleitoral-partidário como um todo, haja vista que somente alguns grupos tinham acesso ao poder e, na maioria dos casos, à própria competição eleitoral. O sistema partidário praticamente não existiu durante esse período, com os partidos republicanos se parecendo mais com clubes partidários do que com máquinas partidárias dotadas de estrutura organizacional (Chacon, 1981).

Em virtude do antipartidarismo e do caráter elitista das lideranças, a participação eleitoral foi restrita durante todo o período da Primeira República. A maioria das votações contou com pouco mais de 500 mil eleitores, sendo que algumas (em 1894 e 1918) tiveram um número pouco acima de 300 mil eleitores. Segundo Motta (2008), o baixo eleitorado constituiu um retrocesso em relação ao período imperial e reforçou a percepção de que seria necessário melhorar a qualidade dos eleitores, restringindo o acesso à arena eleitoral.

O sistema político sofreu um desgaste grande a partir da década de 1920, com a crise econômica gerada pela desvalorização do café, o aumento da concorrência no mercado externo, a emergência do movimento tenentista e a crise de relacionamento dentro da própria aliança. O Estado de São Paulo, novamente, tentou eleger outro paulista como sucessor – nesse caso, Júlio Prestes –, o que gerou conflitos com os demais partidos republicanos. Todos esses fatores, aliados ao desgaste do sistema, contribuíram para o fim da Primeira República em 24 de outubro de 1930, quando o candidato derrotado Getúlio Vargas, em conjunto com outras oligarquias descontentes, derrubou o regime (Faoro, 2021).

3.4
OUTROS PARTIDOS NA ARENA ELEITORAL: A TENTATIVA DE FORMAÇÃO DE PARTIDOS POLÍTICOS NACIONAIS

Entre as tentativas de formação de partidos nacionais, houve uma, incipiente, que almejou a construção de um Partido Monarquista, mas que teve curta duração. Além disso, Francisco Glicério procurou criar um Partido Republicano Federal (também chamado de *Partido Republicano Constitucional*)[14]; entretanto, essa tentativa logo foi abortada em razão do ambiente pouco afeito a partidos nacionais, além dos conflitos entre as oligarquias regionais, as quais visavam à extensão de seu poder e eram contrárias a qualquer tipo de centralização ou de interferência em suas regiões (Chacon, 1981).

---

14   O Partido Republicano Federal foi fundado com o objetivo central de formar um partido nacional disciplinado e coeso que servisse de núcleo duro de apoio à República. O partido foi fundado em 1891, mas despareceu em 1897, por causa de inúmeros conflitos em seu interior, que reunia grupos liberais, conservadores e republicanos (Chacon, 1981).

Rui Barbosa e Pinheiro Machado também tentaram construir partidos nacionais por meio da expansão de seus círculos de poder na Bahia e no Rio Grande do Sul, respectivamente. Porém, nos casos desses dois parlamentares, eram mais projetos personalistas do que tentativas de construção de organizações políticas nacionais modernas (Franco, 1975; Motta, 2008). O partido de Pinheiro Machado teve um bom desempenho em seu estado e, pela força política de seu líder, a legenda conseguiu influenciar na sucessão de Nilo Peçanha, ao atuar para a cisão da aliança café com leite e eleger Hermes da Fonseca para a presidência (Franco, 1975; Chacon, 1981).

Outro ator com relativa importância no cenário político foi o Partido Democrático (PD), que nunca chegou a se consolidar como legenda nacional, mas se constituiu em uma cisão das oligarquias paulistas representadas pelo PRP. Portanto, o PD surgiu como uma dissidência do PRP, em 1925, e teve relativo crescimento eleitoral até a Revolução de 1930. Na época, o partido apoiou Getúlio Vargas, mas acabou se distanciando do candidato em virtude de problemas com o interventor nomeado por Vargas para o Estado de São Paulo (Chacon, 1981).

O único partido fundado nesse período e que permanece ativo até os dias atuais foi o Partido Comunista Brasileiro (PCB). No entanto, de 1922 até a reabertura da democracia em 1985, o PCB atravessou 60 anos na ilegalidade[15]. O surgimento do partido veio na esteira da criação – e da expansão – de partidos comunistas ao redor do globo, principalmente após a Revolução Russa de 1917, fato que influenciou e criou vínculos entre o partido e a matriz soviética. Apesar de sua

---

15 *O PCB foi fundado em 25 de março de 1922 e colocado na ilegalidade quatro meses depois. A legenda ficou um curto período na legalidade entre 1945 e 1947, em torno da República de 1946.*

longevidade, os comunistas raramente foram uma força eleitoral no Brasil. Salvo em períodos na década de 1940 e no fim da década de 1980, o desempenho eleitoral da legenda foi discreto.

3.5
REVOLUÇÃO DE 1930: NOVOS PARTIDOS E REPRESENTAÇÃO PROFISSIONAL

Segundo Weffort (2003), a Revolução de 1930 ocorreu em razão de conflitos, divisões na oligarquia que governou o país durante todo o período, com setores populares– da classe média e da burguesia industrial – apoiando um novo regime. A Era Vargas (1930-1945) manteve o antipartidarismo vigente na Primeira República e a desconfiança acerca da formação de partidos políticos nacionais (Chacon, 1981). Com efeito, na Constituinte de 1933-1934, a participação partidária se deu por meio de legendas regionais, as quais buscavam a reorganização das forças do antigo período, além de apresentar uma novidade no cenário político brasileiro: a representação por meio de associações profissionais (Motta, 2008).

> A Constituinte apresentou uma novidade no cenário político brasileiro, que foi a representação por meio de associações profissionais de classe. Após um debate travado dentro do governo provisório, foi decidido que haveria representantes classistas tanto na Assembleia Constituinte quanto nos parlamentos nacionais e estaduais, de modo a representar os interesses das minorias (Barreto, 2016). A esses representantes – com direito a voz e voto – seriam destinadas 40 vagas no Parlamento, distribuídas da seguinte forma: 18 para sindicatos; 17 para associações patronais; 3 para associações de profissionais liberais; e 2 para associações de funcionários públicos (Barreto, 2016).

Essa situação encontra paralelo com a proposta de Ostrogorski (2008, 2012), autor que propôs a substituição dos partidos políticos por organizações provisórias com funções específicas, as quais deveriam desaparecer depois de terem seu objetivo cumprido. Para reforçar ainda mais o caráter antipartidário da Constituição, esta permitiu o lançamento de candidatos independentes, ou seja, encerrou a exclusividade dos partidos políticos na arena eleitoral (Chacon, 1981; Faoro, 1958).

A Constituição não foi apenas negativa no que diz respeito aos partidos políticos. Ela também trouxe avanços, como o reconhecimento constitucional das agremiações, que foram definidas como peças importantes para o regime democrático, seguindo a linha de constitucionalização dos partidos políticos ao redor do planeta[16] (Mayer, 2015; Rashkova; Van Biezen, 2014; Van Biezen; Molenaar, 2012; Van Biezen; Rashkova, 2014). Ainda na legislação eleitoral, houve mais avanços, como a construção de um Tribunal Superior Eleitoral (TSE), a fim de evitar fraudes, e a adoção do voto secreto, para combater o voto de cabresto.

Outros avanços foram a regulamentação e a adoção do voto feminino em 1932 e a eleição da primeira parlamentar em 1934 (Carlota Pereira de Queiroz, eleita por São Paulo). Com relação a esse aspecto, o Brasil seguiu uma tendência mundial de expansão do sufrágio feminino, que começou na última década do século XIX. Contudo, o sistema continuava restritivo, visto que os analfabetos ainda não podiam votar, o que limitava o exercício do voto a um segmento populacional.

---

16   O reconhecimento formal dos partidos políticos ocorreu durante o século XX, precisamente após a Segunda Guerra Mundial (1939-1945), e envolveu dois processos importantes: o primeiro foi a criação de artigos específicos nas constituições nacionais, de modo a regulamentar – e, mais importante, reconhecer – sua atuação; o segundo aconteceu logo em seguida e consistiu na criação de legislações específicas sobre os partidos (Van Biezen; Rashkova, 2014).

Quadro 3.2 – Adoção do sufrágio feminino

País	Sufrágio feminino	País	Sufrágio feminino
Alemanha	1919	Estados Unidos	1920
Arábia Saudita	2011	França	1944
Argentina	1947	Japão	1947
Austrália	1894	Noruega	1913
Bolívia	1956	Nova Zelândia	1893
Brasil	1932	Reino Unido	1929
Canadá	1920	Rússia	1917
Dinamarca	1915	Suécia	1919
Equador	1929	Suíça	1971

Fonte: Elaborado com base em Nohlen, 2005a, 2005b; Nohlen; Stöver, 2010.

A conquista e a expansão do sufrágio feminino são resultado de diversos movimentos sociais, de manifestações e de protestos realizados em todo o mundo. Como podemos observar no Quadro 3.2, o primeiro país a adotar o sufrágio feminino – e, consequentemente, o sufrágio universal – foi a Nova Zelândia, em 1893. O primeiro país latino-americano a seguir essa tendência foi o Equador, em 1929 (Nohlen, 2005a, 2005b). Atualmente, esse processo de expansão se concentra nos países asiáticos e no Oriente Médio. Têm sido cada vez mais recorrentes os debates sobre a representação feminina, considerando-se as diversas maneiras de como incentivar – por meio de cotas ou não – seu crescimento.

No Brasil, durante o século XIX, as mulheres foram mantidas afastadas do processo eleitoral e de boa parte do sistema educacional. A primeira escola para mulheres foi aberta em 1827, e a possibilidade de elas acessarem a educação superior só surgiu em 1879. Por causa dessas circunstâncias, o sufrágio feminino demorou a ganhar espaço no país. Em 1891, durante os trabalhos da Constituinte republicana, o tema voltou à tona, mas acabou sendo rejeitado. O Brasil perdeu a chance de se tornar a primeira nação do mundo em que as mulheres votam, e o novo sistema político manteve as bases do antigo regime, com exceção do voto censitário (Franco, 1975).

Tentativas de conquistar o direito ao voto para as mulheres, inclusive no âmbito jurídico[17], marcaram as primeiras décadas do século XX. Nessa época, surgiram também organizações políticas que lutavam por esse direito, como o Partido Republicano Feminino (PRF), formado em 1910. Todavia, a conquista do voto feminino foi possível somente em 1932, durante o governo de Vargas[18], após longas campanhas pelo sufrágio e pelos direitos das mulheres, com destaque para a atuação da Federação Brasileira pelo Progresso Feminino (FBPF) e da Aliança Nacional de Mulheres (Alves, 1980).

A década de 1930 assistiu à reorganização dos partidos brasileiros e à emergência de duas organizações de massas – Aliança Nacional Libertadora (ANL) e Aliança Integralista Brasileira (AIB) –, as quais se encontravam à margem do sistema partidário brasileiro, apesar de terem relações com alguns partidos da época. Ambas estavam relacionadas com o debate político que opunha o comunismo e o fascismo, sendo os únicos partidos verdadeiramente nacionais do período (Carone, 1989; Motta, 2008).

---

17 *Em virtude dos crescentes protestos organizados pelo Partido Republicano Feminino (PRF), em 1917, uma lei regulamentando o sufrágio feminino foi proposta e aprovada em primeira votação no Senado. Contudo, tal ação não teve prosseguimento.*

18 *Durante os seus governos, Vargas se mostrou um político extremamente pragmático. Essa faceta pode ser vista em relação ao sufrágio feminino, por exemplo, tendo em vista que o governante, ante as crescentes reivindicações sociais – que vinham desde o século XIX e se intensificaram no século XX – instituiu por decreto o direito ao voto por parte das mulheres (Hahner, 2003). A ação de Getúlio se deu no sentido de antecipar maiores pressões e, desse modo, controlar o processo político.*

A ANL foi um movimento de curta duração (fundado em 30 de março de 1935, tornou-se ilegal em 13 de julho do mesmo ano) que, durante a sua existência, conseguiu arregimentar um grande número de membros e simpatizantes. Esse movimento consistiu em uma ampla aliança de setores da esquerda – comunistas, socialistas, sindicatos, intelectuais, tenentistas[19], representantes de setores da classe média, católicos – que tinham como agenda comum o combate ao nazifascismo (Carone, 1989). Entretanto, o comando da organização ficou com o PCB (sob a presidência de Luís Carlos Prestes), que ditou as diretrizes programáticas da organização (seguindo exemplos internacionais), bem como sua estratégia de atuação.

Como principais bandeiras, a ANL defendia a suspensão do pagamento da dívida externa brasileira, a nacionalização de empresas, a reforma agrária, as liberdades cívicas e políticas que visassem ao bem-estar da população – como a jornada de oito horas de trabalho por dia, aposentadoria e melhorias nas condições de vida e de trabalho (Tavares, 1982).

A ANL encontrou seu fim após uma tentativa frustrada de golpe de Estado. A preparação ocorreu por meio do manifesto de Prestes em apoio à frente, o que desencadeou a reação de Vargas, que pôs fim à aliança, colocando-a na ilegalidade, e mandou prender suas principais lideranças (inclusive Prestes). Em novembro de 1935, eclodiram

---

19 *O tenentismo foi um movimento militar que contou com o apoio de camadas médias da sociedade, as quais se opuseram às oligarquias dominantes. Sua principal reivindicação era a alteração do sistema político vigente, por meio da adoção do voto secreto, da limitação do poder do Executivo e de uma maior moralidade por parte do Legislativo (Carone, 1989). Inicialmente, o movimento apoiou a candidatura de Nilo Peçanha (junto com outras oligarquias dissidentes, como Bahia, Pernambuco, Rio de Janeiro e Rio Grande do Sul) contra a de Artur Bernardes. Após a vitória de Bernardes, o movimento buscou a radicalização por meio de um levante (18 de Copacabana), que foi rapidamente contido, mas posteriormente participou da Coluna Prestes (Carvalho, 2002).*

revoltas militares em algumas localidades do país, porém de modo desorganizado e, até mesmo, com datas diferentes[20]. Tais manifestações foram rapidamente reprimidas pelas Forças Armadas.

A AIB foi um movimento – ou partido político – que existiu durante a década de 1930 e perdurou até o advento do Estado Novo, quando suas atividades foram colocadas na ilegalidade. O surgimento desse movimento se relacionou com o debate político do período, em que ideias comunistas – que originaram o PCB, em 1922 – e nazifascistas – que influenciaram a AIB – foram difundidas entre as nações.

Em oposição ao PCB, os integralistas se inspiraram em ideais autoritários de direita – ou conservadores –, tendo o discurso fascista como referência, representado pela tendência totalitária, pelo culto à personalidade e pela rigidez organizacional (Trindade, 1974). Como principais bandeiras, o movimento pregava um discurso anticomunista, antissocialista, antiliberal, antijudaico e contra o capitalismo internacional.

Do mesmo modo que seu principal opositor, a AIB tem sua origem ligada ao ano de 1922, com a consolidação do movimento modernista[21]. Entre suas fileiras, encontravam-se setores nacionalistas, católicos, reacionários e simpatizantes do fascismo e do nazismo (Carone, 1989; Motta, 2008; Trindade, 1974).

O fim do integralismo se deu com o Estado Novo e o fechamento de todas as organizações políticas, em 1937. Porém, seu encerramento foi diferente do ocorrido com a ANL, pois o movimento tinha laços estreitos com o governo varguista – alguns de seus membros

---

20 Em Natal (RN), a revolta aconteceu em 23 de novembro de 1935, enquanto no Rio de Janeiro (RJ) e no Recife (PE) ela ocorreu no dia 27 de novembro do mesmo ano.

21 As transformações econômicas e sociais geradas pela modernidade eram consideradas pelos integralistas como uma fonte de instabilidade social e dos desvios morais da sociedade brasileira (Motta, 2008).

ocupavam cargos no governo – e não buscava dividir poder com outros grupos (Motta, 2008). Com o fim desses dois partidos (AIB e ANL), encerrou-se a primeira etapa da história partidária brasileira, e a existência dos partidos enfrentou um hiato que foi até 1945, quando ocorreu a formação dos primeiros partidos modernos no Brasil.

Síntese

Neste capítulo, destacamos que o sistema partidário da Primeira República não apresentou muitas novidades, se comparado com seu antecessor: a resistência ao fortalecimento dos partidos e o sentimento antipartidário das oligarquias regionais permaneceram. Para os integrantes da elite brasileira, a formação de partidos nacionais atentava contra a autonomia regional e, para preservá-la, o sistema partidário foi construído de modo que cada entidade federativa tivesse seu partido republicano próprio, acomodando as classes dirigentes locais em seu interior. Soma-se a isso o fato de que o período contou com uma espécie de sistema de partido único, pois os partidos republicanos locais poderiam ser considerados como um único partido fragmentado ao longo do território nacional.

Nesse espectro, as eleições eram apenas formalidades, já que as principais decisões e acordos eram tomados no interior dos partidos republicanos, e o sufrágio apenas selava os acordos. Da mesma forma que no período imperial, os pleitos foram marcados por constantes fraudes, que iam de alterações nas atas de votação até a contratação de impostores.

Tanto os partidos imperiais quanto os da Primeira República serviram como instrumentos de manutenção do poder das elites brasileiras, principalmente as rurais. Para seus líderes, não havia interesse em incorporar as novidades partidárias do exterior, pois o formato de quadros do século XIX atendia muito bem aos seus interesses.

Também vimos que o fim da Primeira República (1889-1930) e o início da Era Vargas (1930-1945) não significaram o encerramento das atividades partidárias no país. O sistema inicialmente se manteve com organizações provisórias e de representação profissional. Ainda na década de 1930, houve a formação da Justiça Eleitoral e a adoção do sufrágio feminino.

No fim da primeira parte do governo de Getúlio Vargas, antes do Estado Novo (1937-1945), duas organizações que refletiam o conflito político mundial tomaram conta do cenário político nacional. A ANL, formada por membros do PCB e por operários, logo ganhou destaque e força pela quantidade de simpatizantes e filiados; contudo, seu fim veio logo após uma tentativa malograda de golpe de Estado, em 1937. Por sua vez, a AIB se aproximava dos valores propagados pelo nazifascismo e contava com a simpatia do governo federal, inclusive com representantes na administração nacional, o que levou à sua dissolução, pois seus membros buscavam influir cada vez mais no governo.

O surgimento do Estado Novo decretou o fim dos partidos políticos brasileiros. O período que compreende de 1937 a 1945 consiste em um dos raros momentos em que o Brasil independente não contou com partidos políticos organizados – e legalizados – em seu interior. Com o desgaste e a queda de Vargas em 1945, os partidos voltaram à atividade no país, mas com uma novidade: obrigatoriamente deveriam ser partidos nacionais.

Questões para revisão

1. As eleições durante a Primeira República acabaram representando meras formalidades, em razão da ampla

disseminação de fraudes eleitorais e do pouco controle – ou mesmo inexistente – da Federação sobre a lisura do processo eleitoral. Sobre isso, responda: Quais foram os principais tipos de fraudes desse período?

2. No final da Primeira República, já sob a Era Vargas, duas organizações dominaram o cenário partidário nacional: a Aliança Nacional Libertadora (ANL) e a Aliança Integralista Brasileira (AIB). Ambas mantinham semelhanças com o comunismo e o nazifascismo e eram reflexos destes. Em que medida as duas organizações se aproximavam desses movimentos?

3. Para muitos especialistas, as eleições no período da Primeira República não passavam de meras formalidades. Quais são os motivos apresentados para tais afirmações?
   a) Federalismo e fórmula eleitoral.
   b) Fraudes eleitorais e fragilidade dos grupos dirigentes.
   c) Grande força dos partidos nacionais e anomia da sociedade civil.
   d) Fraudes eleitorais e poder dos grupos dirigentes.
   e) Federalismo e grande força dos partidos nacionais.

4. A construção de partidos nacionais não foi proibida durante a Primeira República. Houve, aliás, algumas tentativas de formação de partidos dessa natureza (como o Partido Democrático – PD e o Partido Comunista Brasileiro – PCB). Por que tais tentativas não prosperaram?
   a) Em razão do apoio popular aos partidos existentes, dos apelos à centralização e do poder dos grupos dirigentes regionais.

Rodrigo Mayer

b) Em razão do antipartidarismo, dos apelos para o federalismo e do poder dos grupos dirigentes regionais.
c) Em razão do apoio popular aos partidos existentes, dos apelos para o federalismo e do baixo poder dos grupos dirigentes locais.
d) Em razão do antipartidarismo, dos apelos para a centralização e do baixo poder dos grupos dirigentes regionais.
e) Em razão do antipartidarismo, dos apelos para o federalismo e do baixo poder dos grupos dirigentes regionais.

5. Na década de 1930, Getúlio Vargas introduziu algumas novidades no cenário político nacional. Quais foram elas?
   a) Juizados de paz, sufrágio masculino e partidos de massas.
   b) Criação do Tribunal Superior Eleitoral, sufrágio censitário e partidos nacionais.
   c) Criação do Supremo Tribunal Federal, sufrágio feminino e partidos de massa.
   d) Juizados de paz, sufrágio censitário e representação profissional.
   e) Criação do Tribunal Superior Eleitoral, sufrágio feminino e representação profissional.

Questões para reflexão

1. O coronelismo foi um fenômeno marcante durante o Império e a Primeira República, em que lideranças locais exercem influência sobre as decisões políticas e sociais de suas regiões – constituindo, assim, um sistema social. Tal fenômeno foi

amplamente retratado pela mídia brasileira em novelas, filmes, minisséries, livros etc. Olhando-se para a sociedade atual, é possível argumentar que o coronelismo é um fenômeno do passado?

2. A Primeira República – e o Império – tinha como característica a existência de um sistema pouco afeito aos partidos políticos, os quais, em certa medida, eram apenas instrumentos para garantir a eleição das elites. No entanto, a desconfiança sobre as agremiações não surgiu naquele período – pois tal descrença já existia antes mesmo da existência dos partidos –, tampouco se encerrou na República Velha. Com base nisso, reflita: Quais são os motivos que levam à persistência de um sentimento antipartidário? Esse sentimento existe nos dias de hoje?

Para saber mais

O leitor interessado em conhecer mais sobre a política da Primeira República pode consultar:

CARONE, E. **A República Velha.** São Paulo: Difel, 1970. v. 2: Evolução política (1889-1930).

COSER, I. O conceito de partido no debate político brasileiro 1820-1920. **Ler História**, v. 67, p. 107-127, 2014. Disponível em: <http://journals.openedition.org/lerhistoria/874>. Acesso em: 31 mar. 2023.

D'ARAUJO, M. **O Estado Novo.** Rio de Janeiro: J. Zahar, 2000.

FERNANDES, F. **A integração do negro na sociedade de classes.** 5. ed. Rio de Janeiro: Biblioteca Azul, 2008. v. 1: O legado da "raça branca".

Rodrigo Mayer

LEAL, V. N. **Coronelismo, enxada e voto**: o município e o regime representativo no Brasil. 4. ed. São Paulo: Companhia das Letras, 2012.

LOVE, J. **A locomotiva**: São Paulo na federação brasileira, 1889-1937. Tradução de Vera Alice Cardoso da Silva. Rio de Janeiro: Paz e Terra, 1982.

RICCI, P. (Org.). **As eleições na Primeira República**: 1889-1930. Brasília: TSE, 2021. Disponível em: <https://www.tse.jus.br/hotsites/catalogo-publicacoes/pdf/as-eleicoes-na-primeira-republica.pdf>. Acesso em: 14 jan. 2024.

WEFFORT, F. C. **O populismo na política brasileira**. 5. ed. Rio de Janeiro: Paz e Terra, 2003.

Capítulo 4
República de 1946:
dos primeiros partidos
modernos ao colapso
do sistema

Conteúdos do capítulo:

- Formação de partidos políticos nacionais e modernos.
- Descrição das maiores legendas do período.
- Dinâmica eleitoral.
- Queda do regime.

Após o estudo deste capítulo, você será capaz de:

1. identificar as principais causas para a formação de partidos políticos nacionais e modernos;
2. determinar o impacto de Getúlio Vargas sobre a formação do sistema partidário;
3. indicar os primeiros partidos nacionais e modernos do país;
4. explicar o movimento de mudança do sistema partidário, com o declínio das forças tradicionais e o crescimento de partidos trabalhistas e populistas.

A República de 1946 consistiu na primeira experiência de criação de partidos políticos modernos no Brasil. Apesar de sua relativa curta existência – durou cerca de 19 anos –, o sistema apresentou novidades que seriam mantidas nos sistemas partidários subsequentes, como a consolidação do voto feminino, a exigência de partidos políticos organizados em bases nacionais, o sistema proporcional de lista aberta, entre outras.

A vida partidária do período girou em torno de três grandes legendas que tinham na figura do antigo ditador Getúlio Vargas sua principal razão de existência. O Partido Social Democrático (PSD) e o Partido Trabalhista Brasileiro (PTB) se formaram ao redor da figura do caudilho. o primeiro por meio dos antigos interventores estaduais, e o segundo pela ação do Ministério do Trabalho. Já a União Democrática Nacional (UDN) reuniu em suas fileiras diversos grupos antigetulistas, o que acabou por conferir um aspecto fragmentado à legenda.

Na década de 1960, contudo, esse sistema atravessou uma crise política e econômica que levou à ruptura democrática e ao fim desses partidos políticos. Muito se escreveu sobre esse fim, e grande parte dos trabalhos apontou as mudanças socioeconômicas da sociedade e o realinhamento do sistema partidário como os principais motivos para tal ruptura.

4.1
A FORMAÇÃO DOS NOVOS PARTIDOS: A PRIMEIRA EXPERIÊNCIA DE PARTIDOS NACIONAIS

O desgaste do Estado Novo abriu espaço para a reorganização da democracia no Brasil e para o ressurgimento dos partidos políticos, dessa vez com uma nova roupagem. Pela primeira vez em sua história, o país contaria com agremiações verdadeiramente nacionais.

A abreviação do regime getulista se deu por meio de pressões externas, como a aliança com os Estados Unidos e os aliados na Segunda Guerra Mundial – apesar de o governo estar mais próximo ideologicamente das nações do Eixo –, fato que gerou uma situação paradoxal para o país e alimentou forças democráticas, já que o próprio regime se encontrava desgastado com a saída de diversos apoiadores, como o então ministro de relações exteriores, Oswaldo Aranha.

Em 28 de maio de 1945, foi publicado o Decreto-Lei n. 7.586 (Brasil, 1945) – conhecido como *Lei Agamenon* –, que regulamentava o retorno da democracia no país. A nova legislação pautou o retorno das instituições criadas em 1932, como o Tribunal Superior Eleitoral (TSE) e suas instâncias regionais, bem como regulamentou o ressurgimento dos partidos políticos. Estes tinham o monopólio da representação – para um indivíduo se candidatar a qualquer cargo político eletivo, era necessário filiar-se a uma das legendas existentes. Via de regra, os partidos eram obrigados a se constituir em bases nacionais, com pelo menos dez mil assinaturas de eleitores distribuídos em, no mínimo, cinco estados da Federação. Além disso, a legislação autorizava candidaturas múltiplas, em que um candidato poderia concorrer a vários cargos, em diversas unidades federativas, em uma mesma eleição.

Como resultado da crise do regime, o próprio Vargas não conseguiu liderar todo o processo de transição de seu governo para o novo regime. Apesar da tentativa do ditador de prolongar sua estadia por meio do movimento do queremismo, ela se mostrou ineficaz, e seu governo se encerrou por meio de um golpe militar, com Vargas mantendo seus direitos políticos e elegendo-se senador pelo Rio Grande do Sul[1].

> O movimento queremista foi um movimento político capitaneado por Getúlio Vargas e seus apoiadores que contou com o apoio dos trabalhistas e dos comunistas. Seu surgimento esteve relacionado com a decadência do Estado Novo e a consequente busca de Vargas por permanecer no poder e controlar o processo de transição. De modo resumido, o movimento propunha a manutenção de Getúlio Vargas no poder até as eleições presidenciais (e sua candidatura) e a convocação de uma Assembleia Constituinte.

Apesar de a legislação dispor que os partidos políticos deveriam ser nacionais, poucos de fato eram. Das mais de 30 legendas constituídas no período (32, das quais somente 16 obtiveram a regulamentação de seus registros entre 1945 e 1952 e apenas 13 se encontravam regularizadas quando o sistema chegou ao fim, em 1965), apenas seis – Partido Comunista Brasileiro (PCB), Partido Republicano Paulista (PRP), Partido Social Democrático (PSD), Partido Social Progressista (PSP), Partido Trabalhista Brasileiro (PTB) e União Democrática Nacional (UDN) – poderiam ser classificadas como partidos nacionais, sendo que as demais eram predominantemente regionais. Na realidade, somente o PSD, o PTB e a UDN construíram organizações verdadeiramente nacionais. Até a cassação de seu registro, o PCB também pertencia a esse grupo, mas em menor grau, uma vez que estava ainda expandindo sua organização (os demais tinham bases regionais).

No entanto, o sistema continuava excludente. Apesar de seus avanços e de incorporar definitivamente o sufrágio feminino, o voto dos analfabetos, que compunham uma parcela significativa da

---

[1] *A legislação do período permitia que o mesmo candidato concorresse a diferentes cargos políticos em diferentes estados. Sob essas normas, Vargas se elegeu senador pelo Rio Grande do Sul e por São Paulo, além de deputado por outros seis estados (Bahia, Minas Gerais, Paraná, Rio de Janeiro, Rio Grande do Sul e São Paulo) e pelo Distrito Federal.*

população, continuou proibidoe, após a cassação do registro do PCB, os direitos políticos também foram restringidos.

4.2
UM SISTEMA PARTIDÁRIO NORTEADO POR VAGAS

Conforme vimos, a derrocada do Estado Novo trouxe de volta os partidos políticos para o cenário político nacional. Seu retorno começou a ser debatido alguns anos antes do fim do Estado Novo, como forma de o governose antecipar a um possível desgaste, ao mesmo tempo que buscava se antecipar à oposição e controlar a transição. Já naquele período Vargas e seus apoiadores tentaram e testaram a ideia da construção de uma legenda[2] que girasse em torno da figura do ditador e defendesse o legado do Estado Novo, além de unir as elites do período com os trabalhadores, o que acabou não ocorrendo[3] (Castro Gomes, 2005). Entretanto, a formação desse partido foi inviabilizada pela resistência dos grupos e também pela imagem negativa do governo por causa da Segunda Guerra Mundial[4].

Durante todo o período (1946-1965), vários partidos políticos foram criados. Contudo, poucos realmente se destacaram, e um

---

2   A cúpula estadonovista criou, no começo da década de 1940, a União Cívica Brasileira, com o objetivo de propagandear os feitos do Estado Novo e construir uma base prévia para a construção de partidos, mas os planos foram frustrados em razão do desgaste do governo (Castro Gomes, 2005).

3   Uma das ideias iniciais da cúpula do Estado Novo era a criação de um único partido de massas que juntasse a elite com os trabalhadores. Porém, isso não foi possível em virtude de resistências dentro do próprio aparato governamental e de seus apoiadores (Castro Gomes, 2005).

4   A participação do Brasil na Segunda Guerra trouxe pressões externas e internas ao governo, pois o país, sob uma ditadura, lutou ao lado de forças democráticas contra um regime autoritário. Durante e, principalmente, após a guerra, Vargas sofreu pressões para redemocratizar o país.

número ainda menor se tornou relevante no cenário nacional. Entre esses partidos, de início quatro tiveram destaque: PSD, UDN, PTB e PCB. Durante o desenvolvimento do sistema partidário, novas forças se destacaram, como o PSP.

Entre as novas máquinas partidárias, o PSD e a UDN partiram de uma situação privilegiada em relação à disputa eleitoral, visto que ambos contavam com diretórios organizados na maioria dos municípios brasileiros, enquanto os demais partidos – com exceção do PCB, que tinha ampla organização nos maiores centros – ainda se encontravam em fase de estruturação e penetração territorial (Lima Júnior, 1981; Soares, 1981, 2001).

Entre os partidos do período, o PTB foi o que demonstrou maior crescimento, tanto eleitoral quanto em termos organizacionais, pois era uma sigla que ainda não tinha se estabelecido, como o PCB, o PSD e a UDN. A criação do PTB contou com o apoio da base sindical construída pelo Ministério do Trabalho e, consequentemente, do getulismo, considerado por Soares (2001) uma espécie de instrumento de Vargas e de seus apoiadores para a obtenção do voto das camadas operárias.

4.2.1 PSD: O PARTIDO DAS FORÇAS GOVERNISTAS

O PSD foi o maior partido da época e garantiu a estabilidade do sistema partidário durante quase todo o período[5] em virtude de sua opção por transitar entre diversos segmentos sociais[6] e fazer alianças

---

5 *Segundo Hippolito (2012), o partido consistia no ponto de equilíbrio do sistema partidário do período, puxando-o para o centro do espectro, porém, em 1964, foi um dos principais atores da deposição de Jango.*

6 *Para Hippolito (2012), a base do PSD era essencialmente a classe média e os setores rurais.*

com a maioria dos partidos do sistema. A legenda contou com a maior bancada no Congresso Nacional, desde a sua fundação em 1945. Assim como o PTB, sua origem se encontra ligada ao Estado Novo e à máquina construída por Getúlio Vargas. Ao contrário do partido dos trabalhistas, criado por meio da ação de um ministério (no caso, o Ministério do Trabalho), os pessedistas surgiram da articulação dos antigos interventores estaduais, os quais construíram suas máquinas políticas nas unidades da Federação e se uniram na formação da legenda. Foi a vantagem do partido, que contou com estruturas sólidas em todos os estados, diferentemente das demais agremiações, que precisaram construir suas estruturas do zero (PTB) ou se aproveitar das elites contrárias a Vargas (UDN) (Soares, 2001).

Sobre a relação com Vargas, é fundamental tecer uma importante consideração sobre o apoio fornecido ao antigo ditador. Assim como os trabalhistas, a formação do PSD teve influência – ou girou em torno – de Getúlio Vargas. Entretanto, o partido soube buscar sua independência e se recusou a ser um mero veículo político para o seu criador – como o PTB, em seus primeiros anos (Hippolito, 2012).

A composição do partido foi diversa e não se restringiu a ex-interventores e grupos ligados a eles, mas abrangeu outros setores da sociedade, como a classe média e as oligarquias locais. Em razão da proximidade de seus quadros com a herança do Estado Novo, a agremiação ocupou um papel central no processo de modernização do país ao mediar as relações entre os trabalhadores e o capital.

Graças à sua capilaridade territorial, o PSD obteve votações expressivas nos governos e nas assembleias estaduais e teve um bom desempenho no Congresso Nacional e na eleição para a presidência da República, respondendo por dois dos quatro presidentes do período: Eurico Gaspar Dutra e Juscelino Kubitschek. Em 1950, o partido lançou a candidatura de Cristiano Machado à presidência da República contra o major-brigadeiro Eduardo Gomes, da UDN, e Getúlio Vargas, do PTB. No entanto, a candidatura não decolou, e a própria legenda abandonou seu candidato para apoiar a candidatura de Vargas. A partir disso, o termo *cristianização* se tornou comum na política brasileira para definir a situação em que um candidato perde o apoio da própria legenda. Todavia, a consolidação precoce da sigla produziu efeitos adversos no longo prazo, pois, com a expansão dos demais partidos – principalmente do PTB e de agremiações populistas –, o PSD perdeu força e viu sua hegemonia ser ameaçada.

Internamente, a legenda se dividia em dois grupos em conflito. De um lado, residia a Ala Moça, formada por jovens políticos em busca de espaço, dotados de uma melhor definição ideológica e defensores de políticas econômicas desenvolvimentistas. A Ala Moça, inicialmente, não tinha tantos votos quanto outras facções da legenda, com seu poder residindo não no voto, mas no fato de ser uma facção não eleitoral. De outro lado, havia as Raposas, que consistiam na ala fisiológica, dotada de pragmatismo e predisposição para negociações e acordos, ou seja, uma ala clientelista (Hippolito, 2012). Segundo Oliveira (1981), a principal característica do PSD foi sua capacidade de negociar e formular acordos, o que acabou levando a uma duradoura aliança com o PTB e com outros partidos – de conservadores a populistas (com exceção do PSP, que buscava rivalizar com os pessedistas em São Paulo, principalmente por causa de seu maior líder, Adhemar de Barros).

Outra característica dessa atuação se deveu à chamada *ideologia do bem geral*, de acordo com a qual as lideranças do PSD direcionavam seus discursos a questões abstratas e não tangíveis, de modo a atingir o maior número de grupos. Ou seja, a legenda não buscava representar uma clivagem social, mas várias ao mesmo tempo (Hippolito, 2012; Oliveira, 1981).

4.2.2 UDN: do antivarguismo até o apoio para o Golpe de 1964

Vejamos as seguintes considerações de Benevides (1981a, p. 90):

> A legenda da "eterna vigilância" lembra, para simpatizantes ou adversários, a marca austera e altiva da União Democrática Nacional. Lembra, igualmente, a história de um partido que nasceu da luta contra uma ditadura, cresceu apesar de sofridas derrotas – sempre em nome dos ideais liberais de sua inspiração primeira – para finalmente, quase vinte anos depois, surgir vitorioso num esquema de poder que instalaria um regime militar de arbítrio, repressivo e autoritário.

Um ponto comum em toda a bibliografia sobre a UDN é que a legenda era ambígua. Havia inúmeras contradições internas que foram se acentuando no decorrer do tempo. Tal ambiguidade resultou da pluralidade de grupos que formaram a legenda, os quais, muitas vezes, tinham orientações distintas e, até certo ponto, conflitantes (Benevides, 1981a).

O surgimento da UDN estava intrinsecamente ligado à figura de Getúlio Vargas e ao desgaste do Estado Novo, fato que possibilitou a emergência de uma força de oposição no país. Dos três principais partidos do período (PSD, PTB e UDN), a agremiação foi a única que não tinha vínculos com o antigo regime. Em si, a legenda consistiu na união de diversos grupos que tinham como ponto em comum o fato de serem contra Getúlio Vargas e o Estado Novo.

A fundação do partido ocorreu em uma data simbólica – 7 de abril de 1945 –, remontando à data símbolo da fundação do liberalismo brasileiro: 7 de abril de 1831. Apesar da exaltação ao passado e a figuras importantes do liberalismo nacional – como Teófilo Otoni –, a legenda contou com setores reacionários em seu interior, o que causou uma situação um tanto quanto contraditória, já que em um mesmo espaço coexistiam setores progressistas e conservadores.

Portanto, é seguro afirmar que a UDN, antes mesmo de ser um partido político, era um movimento de atores plurais unidos na oposição a Vargas. Por causa disso, a definição ideológica da agremiação era difusa – os diferentes setores dirigiam apelos a seus correligionários e contavam com poucos incentivos para a construção de uma identidade partidária única.

A fundação da UDN teve seu marco zero ainda no Estado Novo, com a primeira contestação pública por parte das elites liberais – mais especificamente da elite mineira, por meio do Manifesto dos Mineiros, de 24 de outubro de 1943. Esse documento serviu como uma espécie de ação pragmática dos grupos dirigentes descontentes, que viram no desgaste do governo Vargas[7] uma oportunidade de se consolidarem como alternativa política perante outros grupos e, assim, obterem o protagonismo político na redemocratização (Benevides, 1981b). A ação das elites mineiras não foi isolada; outros manifestos se seguiram a esse – de intelectuais, liberais e de outros grupos descontentes de outros estados (Bahia e Rio Grande do Sul). Entretanto, tais protestos não contaram com o mesmo apelo e impacto.

Seguindo a tradição até aquele momento, o manifesto pouco versou sobre temas ligados aos trabalhadores ou à expansão do sufrágio – como a inclusão de analfabetos ou de mecanismos de participação popular. Em contrapartida, o documento ateve-se prioritariamente a temas ligados à defesa do liberalismo, à exaltação da tradição mineira sobre o tema, além de focar a defesa das liberdades individuais (Benevides, 1981a, 1981b).

---

7   *A reação do governo Vargas ao manifesto foi morna. O poder central apenas retirou cargos e demitiu os signatários, sem efetuar prisões.*

No entanto, a formação da UDN não foi obra de apenas um grupo ou de uma elite local, mas de uma pluralidade de atores, que tinham na oposição a Vargas seu ponto de união. Entre os inúmeros grupos, podemos distinguir quatro atores centrais na origem da legenda:

1. **Membros da antiga oligarquia** – Eram grupos que se encontravam no poder durante a República Velha, mas que se viram excluídos quando ocorreu a Revolução de 1930. Entre seus membros mais ilustres estavam o ex-presidente Artur Bernardes (1922-1926) e Júlio Prestes, eleito presidente em 1930 e deposto com a revolução.
2. **Grupos formados por antigos aliados** – Eram pelo menos dois grupos distintos: o primeiro compreendia antigos aliados, como a Aliança Liberal e membros do tenentismo, que haviam rompido com o governo Vargas antes do golpe de 1937; o segundo contava com membros que haviam saído durante o Estado Novo, como Oswaldo Aranha.
3. **Grupos ideológicos** – Eram dois grupos distintos e opostos: o primeiro abarcava liberais presentes nas unidades federativas; o segundoera composto por segmentos da esquerda, como dissidentes do PCB, representantes de movimentos estudantis e integrantes da Esquerda Democrática.
4. **Forças armadas** – Compreendiam setores das forças armadas que foram centrais na deposição de Vargas e também no conservadorismo adotado pela UDN em seus últimos anos (Benevides, 1981b).

Em razão do ambiente político do período e da expectativa do retorno das eleições, a UDN, antes mesmo de se constituir como partido, já tinha um candidato à presidência: o brigadeiro Eduardo Gomes. A candidatura dele simbolizava os grupos dissidentes e tinha como pontos a favor sua imagem de herói nacional, de ex-combatente de 1922, de sobrevivente dos 18 do Forte (que, na verdade, eram dez). Gomes era um símbolo moral e cristão para a sociedade. Era um candidato com inúmeras qualidades pessoais e com boas chances de vitória.

A campanha[8] de Eduardo Gomes investiu nos discursos morais e almejava ser uma resposta ao Estado Novo. Embora algumas ideias no plano econômico o aproximassem da campanha de Dutra, a agenda de Gomes mantinha os avanços trabalhistas e flertava com temas liberais, como a abertura comercial ao mercado estrangeiro.

Mesmo sendo um candidato de qualidade e com um programa que mantinha os avanços trabalhistas do governo Vargas, por que Gomes não conseguiu se eleger? A maior dificuldade dele, assim como de toda a UDN durante a sua existência, foi a distância que manteve das classes trabalhadoras, aliada a um certo elitismo em seus discursos e suas ações, com o foco de atuação direcionado à classe média e a setores da elite, sem estabelecer uma ponte com a classe operária (Benevides, 1981a). Esse fato se repetiu durante todas as campanhas presidenciais da legenda, até ser corrigido em 1960, com a eleição de Jânio Quadros, num pleito marcado pelo populismo. No entanto, Quadros contava com o apoio udenista sem pertencer à UDN – ele era do Partido Trabalhista Nacional (PTN).

---

8   A corrida de Eduardo Gomes para a presidência foi chamada de "campanha dos lenços brancos", numa referência aos lenços que os partidários do brigadeiro agitavam durante os seus comícios (Fausto, 2010).

> Uma das marcas do período de 1946-1964 foi o populismo, representado por Getúlio Vargas e, posteriormente, por Jânio Quadros. Amplamente utilizado, o termo *populismo* é difícil de definir. Ele envolve diversas abordagens e permite várias interpretações (positivas e negativas) por parte de analistas.
>
> É possível identificar três tipos de populismo: (1) de origem social; (2) de governo; e (3) de ideologia. Apesar de suas diferenças, todos tinham em comum líderes carismáticos e o fato de terem surgido como movimentos de massa resultantes da perda de representatividade da elite dirigente (Weffort, 1989).

A UDN contava com um alto número de facções autônomas – seus líderes não obedeciam, necessariamente, às diretrizes da direção partidária. Hippolito (2012) e Schmitt (2000) destacam a existência de três grandes facções internas, sob as quais o posicionamento da legenda transitava: 1) a Banda de Música, que reunia parlamentares contrários a Vargas; 2) a Bossa Nova, que se opunha à direção partidária e buscava se aproximar de partidos e de políticos populistas (como Jânio Quadros); e 3) a Chapa Branca, com membros que compunham alianças e governos com o PSD. A existência desses grupos evidenciava a dificuldade para construir uma identidade partidária própria que fosse além do antivarguismo.

Era um dilema: para equilibrar diferenças internas e atrair o maior número possível de eleitores e de filiados, o udenismo surgiu sem uma definição clara de ideologia. Com o suicídio de Vargas, contudo, o partido perdeu seu inimigo em comum e teve de se posicionar ideologicamente, de modo a cooptar apoio social. A escolha, nesse caso, foi fortalecer o discurso conservador (e, em certa medida, liberal) e posicionar-se contra a legislação trabalhista (Benevides, 1981a, 1981b).

Ao longo de sua trajetória, a agremiação teve maior incidência sobre as classes médias urbanas, principalmente no Rio de Janeiro, com penetração eleitoral também no Nordeste e em Minas Gerais.

Porém, tais grupos não partilhavam de uma identidade única. Uma acusação frequente era a ausência de apelo popular por parte da agremiação e um certo elitismo de seus principais representantes, segundo os quais, como bem resume Benevides (1981a), o problema não era o partido, mas o povo, que errava ao não votar no partido.

O udenismo refletiu as próprias contradições ideológicas. O liberalismo propagado, seguindo a tradição liberal brasileira, era limitado em razão do elitismo de seus membros e do crescente discurso autoritário da legenda. Em síntese, o udenismo tinha como características centrais o elitismo, o moralismo (simbolizado pelo lenço branco), o discurso contra a corrupção, o anticomunismo (fortalecido na década de 1960) e o autoritarismo.

Toda essa situação complexa e contraditória levou a UDN a exercer um papel singular na história partidária brasileira. De um lado, a legenda se constituiu como herdeira da tradição liberal brasileira; de outro, ficou com o estigma de antidemocrática em virtude das contestações recorrentes dos resultados eleitorais e dos discursos pedindo a ruptura da ordem democrática. Segundo Benevides (1981a), a legenda, desde seu início, continha os elementos que a levaram a apoiar o Golpe de 1964, pois seu discurso de redemocratização foi aplicado tanto em relação a Vargas, em 1945, quanto em relação a Jango, em 1964.

A UDN se transformou bastante ao longo de sua trajetória, principalmente como produto de suas contradições internas, pelas quais conviviam setores democratas (como muitos de seus fundadores, em 1945) e antidemocráticos, liberais e conservadores, defensores dos direitos trabalhistas e opositores, moralistas e populistas que deram apoio a Jânio Quadros na década de 1960. Em razão de tais contradições, a legenda não conseguiu se consolidar e ficou presa à figura do partido da "eterna vigilância" e da oposição a Vargas.

Rodrigo Mayer

4.2.3 PTB: O TRABALHISMO COMO PARTIDO POLÍTICO

Durante boa parte da República de 1946, o PTB consistiu na terceira força do período, atrás do PSD e da UDN. Essa posição se alterou após as eleições de 1962, nas quais a legenda ultrapassou os udenistas e se consolidou como a segunda força do Congresso Nacional. Tal situação ocorreu por causa do constante crescimento da agremiação, que deixou de ser uma força concentrada apenas nos centros urbanos e se tornou uma organização verdadeiramente nacional, com penetração nos demais territórios. Segundo Soares (2001) e Lavareda (1991), o PTB foi a legenda que mais cresceu durante o período, alterando a dinâmica partidária desse momento ao auxiliar na quebra da hegemonia dos partidos conservadores.

Assim como o PSD, os trabalhistas se originaram dentro da máquina estadonovista, mais precisamente dentro do Ministério do Trabalho e dos sindicatos construídos por Vargas para apoiar as transformações trabalhistas. Sua construção se deu após o fracasso da formação de um único partido de "massas" que aglutinasse todas as forças varguistas e ocorreu de modo a se colocar como uma alternativa do PCB[9] para o operariado e garantir uma espécie de apoio institucionalizado dos trabalhadores a Getúlio, considerando como elementos centrais os direitos sociais e o trabalhismo (Castro Gomes, 2005; Motta, 2008; Schmitt, 2000):

> Aos poucos, principalmente durante o Estado Novo, foi sendo montada uma enorme estrutura sindical vinculada ao Ministério do Trabalho, composta por sindicalistas de origem operária e burocratas provenientes

---

9   *Castro Gomes (2005) explica que a formação do PTB teve como um de seus objetivos fornecer aos trabalhadores uma alternativa ao PCB ideologicamente mais flexível, sem o peso do anticomunismo do período.*

da classe média. Naturalmente, tais elementos consideravam Getúlio Vargas seu grande líder, iniciador do trabalhismo. (Motta, 2008, p. 72)

Nesse caso, a formação do PTB, se não contou com estruturas organizacionais preexistentes, como o PSD e a própria UDN, encontrou apoio no aparato construído pelo Ministério do Trabalho. Com relação ao trabalhismo, é fundamental separar o sindicalismo oficial das demais centrais sindicais. A formação do PTB teve respaldo nos sindicatos oficiais que se originaram sob a tutela do governo Vargas, e não com o apoio de outras entidades sindicais, as quais eram fortemente reprimidas pelo governo central. Destarte, a ação do governo central e de seu ministério se resumia a reprimir a oposição e fornecer direitos (tutelados pelo Estado) em igual medida (Carvalho, 2002; Schmitt, 2000).

Por muito tempo, o trabalhismo foi identificado com Vargas e o PTB. Isso ocorreu em virtude da estratégia getulista – e de seu Ministério do Trabalho – em incorporar o operariado na política nacional. Conforme discutimos anteriormente, o PTB foi fundado por meio da ação do Ministério do Trabalho como forma de angariar o apoio do crescente eleitorado operário. Em comparação, a participação dos trabalhadores na Primeira República e no Império era praticamente nula e, após a Revolução de 1930, encontrou-se restrita por causa do autoritarismo vigente (Castro Gomes, 2005).

Somente no fim do Estado Novo é que ocorreu uma maior organização por parte dos trabalhadores. Porém, isso aconteceu de maneira tutelada pelo aparato estadonovista (Castro Gomes, 2005). Segundo Castro Gomes (2005), o trabalhismo foi ganhando forma entre 1942 e 1945 em razão de pressões internas e externas sobre o governo de Getúlio Vargas. As pressões externas trataram basicamente do avanço da Segunda Guerra Mundial, e os efeitos da união com os aliados produziram pressões liberalizantes sobre o governo, de modo a democratizar o sistema político brasileiro. Já as pressões internas envolveram a antecipação das demandas sociais, sobretudo as ligadas ao trabalho, por parte do governo. Entre as principais ações do governo, realizadas principalmente pelo Ministério do Trabalho, podemos citar a elaboração da Consolidação das Leis do Trabalho (CLT) e os avanços na representação dos trabalhadores por meio dos sindicatos. Para Castro Gomes (2005), a formação sindical brasileira foi inspirada em doutrinas liberais e tinha como objetivo organizar e expressar as demandas populares ao mesmo tempo que construía e consolidava um projeto político.

Com relação ao desempenho eleitoral, de início, o PTB concentrou sua atuação nos grandes centros urbanos, com destaque para o Rio Grande do Sul. Depois da expansão territorial da agremiação, somada ao apoio de membros do PCB (após 1947), a legenda atingiu um largo crescimento, alcançando a posição de segunda força eleitoral e demonstrando uma curva ascendente em comparação com os partidos conservadores da época. Outra conquista eleitoral importante do PTB foi a eleição de João Goulart à vice-presidência duas vezes seguidas (em 1956 e 1960). É importante salientar que, nesse período, o presidente e seu vice eram escolhidos em eleições separadas, sendo que o vice não precisava pertencer à mesma chapa do presidente (Lavareda, 1991; Santos, 1986).

Assim como o PSD e a UDN, o PTB contou com divisões internas, as quais refletiam a oposição entre grupos ideológicos e pragmáticos. O grupo ideológico contava com elementos ligados ao trabalhismo e defendia maiores reformas, tendo em vista a melhoria das condições de vida do operariado. O segundo grupo tendia não somente ao pragmatismo, mas também a uma atuação fisiológica, centrada na ocupação de cargos que a tradicional aliança com o PSD fornecia.

A correlação de forças entre os dois grupos somente se alterou na década de 1960, quando o fisiologismo se mostrou dominante em relação ao trabalhismo (Motta, 2008).

4.2.4 PCB: DO RÁPIDO CRESCIMENTO À ILEGALIDADE

O PCB é o partido político mais antigo do país. A legenda, fundada em 1922, foi posta na ilegalidade meses após sua constituição, retornando ao *status* legal em 1927, situação que se manteve até o Estado Novo, quando os partidos foram proibidos no território nacional.

Em 1945, as proibições à organização de partidos políticos foram eliminadas e o PCB voltou a ser reconhecido pelo governo brasileiro. A legalidade, porém, durou pouco e, dois anos depois de ganhar reconhecimento, o partido voltou a ser perseguido. As restrições impostas pela lei foram eliminadas em 1985, no processo de redemocratização do Brasil (Schmitt, 2000).

O partido se destacou atuando com sindicatos na última década da Primeira República e liderando a Aliança Nacional Libertadora (ANL) durante a primeira fase da Era Vargas, no início dos anos 1930 (Motta, 2008; Schmitt, 2000). Assim como o PSD e a UDN, o PCB partiu de uma base estruturada ao longo do território nacional; no entanto, o partido optou por concentrar sua atuação nos grandes centros (Soares, 1981, 2001).

Sua legalização e o bom desempenho eleitoral em 1945 foram possibilitados por fatores internos e externos à conjuntura brasileira. Internamente, o partido contou com uma base estabelecida de membros, a qual se ampliou consideravelmente em um curto espaço de tempo (a legenda tinha 2 mil filiados em 1945, número que chegou a 100 mil em 1946). Outro fator interno fundamental se deveu à figura de Júlio Prestes, que exercia liderança sobre a legenda e era tido como um mártir – em virtude da repressão do Estado Novo, quando chegou a ficar nove anos preso na solitária e viu sua esposa, Olga Benário, ser deportada por Vargas para a Alemanha nazista. Por fim, o PCB se aproveitou do cenário favorável no país em decorrência das reformas trabalhistas. Externamente, também contou com um cenário propício para seu crescimento, sobretudo pelo avanço de partidos de esquerda no período pós-guerra (Motta, 2008).

A junção desses fatores possibilitou ao PCB atingir um bom desempenho eleitoral: obteve a quarta maior bancada na Câmara Federal e Prestes foi um dos senadores mais votados do país – um desempenho consistente nos legislativos estaduais (Schmitt, 2000).

Entretanto, o desempenho e o desenvolvimento do partido foram de curta duração, pois, ainda no começo do governo Dutra (1946-1950), houve um aumento da repressão ao movimento sindical – com proibição do direito de greve –, principal base de atuação dos comunistas. Contudo, o maior ataque veio com o processo de cassação de seu registro em maio de 1947, sob a justificativa de receber subsídios de governos estrangeiros e de atentar contra o regime democrático (Motta, 2008). A perseguição se estendeu aos parlamentares, que tiveram seus mandatos cassados. Assim, os filiados tiveram de recorrer a outras legendas – principalmente o PTB – para disputar as eleições. Os comunistas retornaram à legalidade em 1985, porém sem a força de outrora.

4.2.5 PSP: QUARTA MAIOR FORÇA NACIONAL

O PSP se tornou a quarta maior força política do período, após a exclusão do PCB da arena política e eleitoral. Diferentemente dos demais partidos que souberam – sobretudo que buscaram – estruturar-se no território nacional sem depender exclusivamente de uma única liderança, o PSP teve sua origem e trajetória marcadas por um único fundador e principal liderança: Ademar de Barros (Sampaio, 1981).

A construção do PSP acompanhou o projeto político de seu líder. A princípio, Barros e seu grupo tentaram obter espaço no interior da UDN durante o processo de formação udenista em 1945. Todavia, seu passado como interventor do governo de São Paulo entre 1937 e 1941 gerou desconfiança dos grupos antigetulistas, e seu espaço se encontrou limitado dentro do partido incipiente. Assim, em 1946, uma nova agremiação foi criada para possibilitar a Barros a realização de seu projeto político (Lima Júnior, 1981).

Contudo, a formação dessa máquina partidária não foi tão simples e encontrou obstáculos para se nacionalizar, em virtude da concentração da agremiação no Estado de São Paulo e do fornecimento de espaços políticos para candidatos em outras unidades da Federação (como Minas Gerais, por exemplo). Ou seja, além da regionalização, a estrutura da agremiação girou em torno da estrutura clientelista montada por Ademar de Barros durante seu período como interventor. Além disso, o PSP buscou enfraquecer as bases do PSD, para se constituir como uma importante força no país, tornando-se atrativa a políticos sem espaço em outros partidos (Sampaio, 1981).

Com relação ao desempenho eleitoral, a legenda teve seu auge entre 1954 e 1958. Após esse período, consolidou-se como uma força importante, sobretudo pelo desempenho em São Paulo e pelos apelos populistas de suas lideranças.

4.2.6 Demais partidos do período

Além das siglas analisadas nos itens anteriores, o regime de 1946-1964 contou com outras de menor destaque, entre as quais podemos destacar o Partido Republicano (PR), fundado pelo ex-presidente

Artur Bernardes, que representou uma tentativa de revisitar os antigos partidos republicanos da República Velha. Apesar de contar com uma bancada expressiva (a quinta maior), o PR se encontrava muito regionalizado, com concentração de votos e de parlamentares eleitos em Minas Gerais e na Bahia (Schmitt, 2000).

O Partido Democrata Cristão (PDC)[10], o Partido Libertador (PL) e o Partido Social Trabalhista (PST) foram partidos regionais, com base nos estados do Paraná, do Rio Grande do Sul e de Pernambuco, e serviram como trampolim para alguns importantes parlamentares, como Raul Pilla e Miguel Arraes. O Partido Socialista Brasileiro (PSB), que existe até os dias atuais, originou-se de uma dissidência da UDN, ocorrida em 1945, e não conquistou relevância eleitoral. O Partido de Representação Popular (PRP) foi o herdeiro da antiga Aliança Integralista Brasileira (AIB), com seu principal líder (Plínio Salgado) concorrendo à presidência em 1955. Por último, o PTN foi fundado por dissidentes do PTB, e foi sob essa legenda que Jânio Quadros se elegeu presidente em 1960 (Schmitt, 2000).

4.3
ELEIÇÕES: DO DOMÍNIO DOS PARTIDOS TRADICIONAIS AO CRESCIMENTO DAS FORÇAS POPULISTAS

Durante os quase 20 anos da República de 1946, seis pleitos nacionais foram realizados. Essas eleições mostraram a transformação da dinâmica do sistema, inicialmente centralizado em seus três maiores partidos, para um novo panorama, possibilitado pelo avanço de grupos regionais.

---

10 O partido contava com bases no Paraná, em Pernambuco e em São Paulo.

As eleições de 1945 tiveram um duplo significado. Primeiro, foram as primeiras eleições no país desde o Estado Novo; segundo, também tiveram caráter de Constituinte. Em 1947, foram realizadas eleições para o Senado e governos de estados, bem como eleições suplementares para a Câmara dos Deputados, com mais de 19 deputados federais eleitos[11].

Os quadros a seguir (4.1 a 4.5) mostram o desempenho eleitoral dos partidos políticos do período e a alteração de sua dinâmica eleitoral, com a queda da *performance* dos partidos tradicionais (PSD e UDN) e o crescimento de outras forças, com destaque para o PTB.

Quadro 4.1 – Eleições legislativas de 1945[12]

Partido*	Deputados federais	Senadores
PSD	151	26
UDN	83	12
PTB	22	2
PCB	14	1
PR	7	–
PSP	4	1
PDC	2	–
PL	1	–
Outros	2	–
Total	286	42

Fonte: Elaborado com base em Hippolito, 2012.
*Confira a lista de siglas partidárias ao fim do livro.

---

11 O resultado do pleito foi o seguinte: PSD: 7 deputados; UDN: 4 deputados; PTB: 2 parlamentares; PL: 3 parlamentares; PTN: 2 deputados; e PSP: 1 deputado.

12 Em 1947, foram realizadas eleições para a renovação de um terço do Senado. Nela, os seguintes partidos elegeram senadores: PSD (13 senadores), UDN (6 senadores), PST (2 senadores), PTB, PSP e PR (1 senador cada).

Quadro 4.2 – Eleições legislativas de 1950

Partido*	Deputados federais	Senadores
PSD	112	6
UDN	81	4
PTB	51	5
PSP	24	3
PR	11	2
PDC	2	–
PTN	5	–
PL	5	–
PST	9	–
PSB	1	1
PRP	2	–
PRT	1	–
Total	304	21

Fonte: Elaborado com base em Hippolito, 2012.
*Confira a lista de siglas partidárias ao fim do livro.

Quadro 4.3 – Eleições legislativas de 1954

Partido*	Deputados federais	Senadores
PSD	114	16
UDN	74	9
PTB	56	12
PSP	32	1
PR	19	1
PDC	2	2
PTN	6	–
PL	8	–

(continua)

(Quadro 4.3 – conclusão)

Partido*	Deputados federais	Senadores
PST	2	–
PSB	3	–
PRP	3	–
PRT	1	–
Sem partido	6	1
Total	326	42

Fonte: Elaborado com base em Hippolito, 2012.
*Confira a lista de siglas partidárias ao fim do livro.

Quadro 4.4 – Eleições legislativas de 1958

Partido*	Deputados federais	Senadores
PSD	115	6
UDN	70	8
PTB	66	6
PSP	25	–
PR	17	–
PDC	7	–
PTN	7	–
PL	3	1
PST	2	–
PSB	9	–
PRP	3	–
PRT	2	–
Total	326	21

Fonte: Elaborado com base em Hippolito, 2012.
*Confira a lista de siglas partidárias ao fim do livro.

Quadro 4.5 – Eleições legislativas de 1962

Partido*	Deputados federais	Senadores
PSD	118	16
UDN	91	8
PTB	116	12
PSP	21	1
PR	4	1
PDC	20	1
PTN	11	2
PL	5	1
PST	7	–
PSB	5	1
PRP	5	–
PRT	3	–
MTR	3	1
Sem Partido	–	1
Total	409	45

Fonte: Elaborado com base em Hippolito, 2012.
*Confira a lista de siglas partidárias ao fim do livro.

Os resultados eleitorais das eleições abordadas nos quadros anteriores ilustram o processo de alteração da dinâmica eleitoral do período: diminuição das forças tradicionais (PSD e UDN) e crescimento de novas forças, sobretudo o PTB. Esse processo marcou a expansão do sistema partidário do país, com o aumento da oferta de novos partidos à população, como o PSP, o PL e o PDC. Somado a isso, houve um crescimento da fragmentação do sistema, o qual necessitava de coalizões maiores para se governar e gerar um alto número de *veto players* que poderiam paralisar o sistema.

Em síntese, tais eleições demonstraram o processo de realinhamento do sistema, que foi interrompido com o Golpe de 1964. Esse rearranjo partidário opunha as legendas tradicionais aos novos partidos formados por apelos populistas ou gerados pelo crescimento da população urbana no país.

4.4
O COLAPSO DA REPÚBLICA

Nas últimas décadas, muito se escreveu sobre a queda do regime em 1964 e suas causas possíveis. Porém, essa produção enorme deu origem a uma falta de consenso sobre os motivos que teriam levado ao golpe. Alguns autores argumentam que foi devido à fragilidade dos partidos políticos (Lavareda, 1991); outros citam o realinhamento do sistema partidário (Souza, 1976), a crise de paralisia decisória (Santos, 1986), as mudanças socioeconômicas (Soares, 2001), entre outras interpretações.

Lavareda (1991) argumenta que o colapso da República de 1946 ocorreu pela fragilidade de seus componentes, apesar de o sistema ter mostrado sinais de consolidação no começo da década de 1960. Segundo o autor, tal queda não se resume a um único motivo, mas a vários motivos inter-relacionados. A primeira causa apresentada pelo autor diz respeito ao distanciamento dos partidos em relação à sociedade. Conforme a literatura especializada, as agremiações partidárias do período se constituíram sem a presença das massas populares – o próprio PTB, que representava a classe trabalhadora, foi construído com base nos membros do Ministério do Trabalho da Era Vargas, e não por meio de articulação das classes trabalhadoras. Somado a esse afastamento, houve um aumento da volatilidade eleitoral – e da proporção da abstenção eleitoral e de votos brancos e nulos –, o que levou a um desequilíbrio de forças entre os partidos, com o consequente declínio dos conservadores tradicionais (PSD e UDN) e a conquista de espaço por novos participantes, como o PTB e os pequenos partidos populistas. Por fim, a existência de coalizões não programáticas afetou o reconhecimento das legendas por parte do eleitorado e, consequentemente, a consolidação dos partidos e de suas identidades (Lavareda, 1991).

Souza (1976)[13], Lima Júnior (1981) e Soares (2001) partem do pressuposto de que o colapso do sistema ocorreu em razão do realinhamento de forças no Congresso Nacional, com a perda de relevância dos partidos tradicionais (PSD e UDN) em relação às novas agremiações. Segundo Soares (2001), esse realinhamento teria promovido uma ampla transformação no perfil do eleitorado, com o crescimento das bases urbanas (representadas pelo PTB), o que gerou conflitos com a base conservadora já existente. Outras modificações ocorreram na UDN, que estaria fadada a se tornar um partido médio, e o PSD veria sua hegemonia ameaçada pelas novas legendas.

Para Souza (1976), a queda do regime também esteve atrelada ao desgaste da hegemonia conservadora, que estava perdendo espaço para legendas reformistas e/ou com apelo populista. Para a autora, essa perda de hegemonia intensificou o conflito entre o Executivo (reformista) e o Legislativo (conservador), o que gerou o agravamento da crise institucional. Outros fatores apresentados pela autora se referem à crise do sistema partidário como um todo, exemplificada pelo aumento de votos brancos e nulos, pelo crescimento da fragmentação

---

13 Souza (1976) também argumenta que a República de 1946 não rompeu com a estrutura varguista em virtude da manutenção da concentração do poder no Executivo e da forte influência de Vargas – convertida em um movimento político organizado – no sistema político por meio da absorção de clientelas municipais pelo PSD e dos sindicalistas pelo PTB.

e da volatilidade partidária e pela proliferação de alianças por conta da crescente incerteza ante os resultados eleitorais (Souza, 1976).

Lima Júnior (1981) parte da mesma concepção e argumenta que a ruptura do sistema ocorreu em decorrência de uma crise institucional, em que as forças conservadoras (não mais hegemônicas como outrora) se opuseram a um Executivo reformista (com as famosas reformas de base). Essa dissonância foi motivada pela decadência dos partidos conservadores e pelo aumento da força das legendas pequenas. Entretanto, a renovação no Congresso Nacional aconteceu em velocidade mais lenta que no Executivo.

O livro *Sessenta e quatro: anatomia da crise*, de Wanderley Guilherme dos Santos, busca compreender os condicionantes que levaram ao colapso do sistema de 1946 e ao seu fim, com o golpe civil-militar de 1º de abril de 1964. Segundo o autor, a principal causa dessa ruptura foi a paralisia decisória, em que as forças presentes perderam a capacidade de articulação (e de realização de acordos e alianças sólidas) e radicalizaram seus posicionamentos, fato que abriu brechas para a ruptura institucional (Santos, 1986).

Para o autor, tal radicalização não trouxe as marcas da Constituição de 1946, mas fez parte do processo de realinhamento do sistema após o contínuo crescimento de novas forças e a passagem de uma sociedade rural para urbana nas décadas de 1950 e 1960. Como efeito, o processo gerou o conflito entre um Executivo comprometido com reformas estruturantes e um Legislativo conservador, o que inviabilizou a continuidade da aliança entre PSD e PTB. Outros fatores que incidiram nessa situação foram o aumento da fragmentação partidária e a incerteza sobre a sucessão de João Goulart (Santos, 1986).

Síntese

Neste capítulo, vimos que o Brasil só foi ter partidos políticos modernos e nacionais na República de 1946. O sistema partidário tinha um número reduzido de legendas (eram apenas 13 agremiações no fim do período), mas a competição se restringia a somente três deles: PSD, PTB e UDN. As três legendas giravam em torno da figura de Getúlio Vargas.

Abordamos como o PSD se formou em torno dos antigos interventores de Vargas e se constituiu no maior partido do período. O PTB também se originou da estrutura varguista, por meio do Ministério do Trabalho. Já a UDN consistiu na união dos diversos grupos oposicionistas ao antigo ditador. Durante o período, a dinâmica partidária se alterou com o declínio das forças tradicionais (PSD e UDN) e o fortalecimento do PTB e de legendas populistas.

Por fim, argumentamos que a queda do regime em 1964 pode ser explicada por uma série de fatores, com destaque para o conflito entre o Executivo e o Legislativo e as alterações na estrutura social.

Questões para revisão

1. A República de 1946 consistiu na primeira experiência de partidos políticos modernos no país. Seu sistema partidário girou em torno da figura de Getúlio Vargas, em que os principais partidos se estruturaram ao redor da figura do antigo ditador, tanto em termos de apoio quanto em termos de oposição. Quais eram os principais partidos do sistema e como se davam os relacionamentos dessas legendas com o presidente Getúlio Vargas?

2. O regime de 1946-1964 foi encerrado com o Golpe de 1964. Porém, apesar de ter apresentado problemas, conseguiu se estabilizar e construir laços com a sociedade brasileira. Alguns partidos, aliás, contavam com altas taxas de identificação partidária e com um número considerável de filiados. Quais são as principais explicações da literatura especializada para a ruptura institucional que derrubou o regime de 1946-1964?

3. O Partido Social Democrático (PSD) foi construído com base em uma estrutura estadonovista que contava com algumas divisões internas, mas duas delas se destacavam. Quais eram elas e qual eraa característica central de cada uma?
    a) Ala Moça: fisiológica; Banda de Música: programática.
    b) Ala Moça: programática; Raposas: fisiológicas.
    c) Bossa Nova: pragmática; Chapa Branca: programática.
    d) Raposas: programática; Bossa Nova: fisiológica.
    e) Ala Moça: fisiológica; Bossa Nova: programática.

4. O Partido Trabalhista Brasileiro (PTB) foi construído sob a tutela do Ministério do Trabalho varguista. Indique a seguir a alternativa que representa a motivação central para a construção de um partido operário com base na estrutura governamental:
    a) Oposição consentida ao governo.
    b) Pressão sobre os movimentos sociais contrários ao governo.
    c) Fisiologismo.
    d) Garantia de apoio do operariado e controle das transformações sociais.
    e) Retorno ao antigo programa da Aliança Nacional Libertadora (ANL).

5. A União Democrática Nacional (UDN) consistia em uma ampla aliança de setores contrários à figura de Getúlio Vargas. A legenda contava com inúmeros setores internos, entre os quais três se destacavam. Quais eram eles e o que defendiam?
   a) Ala Moça: alianças com os partidos populistas; Banda de Música: atuação pragmática; Históricos: defesa do programa partidário.
   b) Bossa Nova: aproximação com o Partido Trabalhista Brasileiro (PTB); Chapa Branca: defesa das políticas de Vargas; Raposas: fisiologismo.
   c) Banda de Música: oposição às políticas de Vargas; Bossa Nova: aproximação com partidos populistas; Chapa Branca: aproximação com o Partido Social Democrático (PSD).
   d) Ala Moça: atuação programática; Bossa Nova: aproximação com o PSD; Raposas: defesa das políticas de Vargas.
   e) Banda de Música: aproximação com o PSD; Chapa Branca: alianças com os partidos populistas; Históricos: defesa do programa partidário.

Questões para reflexão

1. O sistema partidário da República de 1946 apresentou novidades em relação aos seus antecessores, como a formação de partidos políticos nacionais e, em certa medida, modernos. Reflita sobre as condições que possibilitaram a emergência de partidos modernos no período e considere o porquê de esse

acontecimento ter ocorrido pela primeira vez na República de 1946.

2. O conceito de populismo voltou à tona nos últimos anos, com o reaparecimento de lideranças políticas – não apenas da América Latina – que podem ser assimidentificadas. A definição para o termo *populismo* surgiu no começo do século XX, para analisar a atuação de alguns líderes latino-americanos. Como o populismo se deu na República de 1946? Tal movimento guarda alguma semelhança com os dias atuais?

Para saber mais

O leitor interessado em conhecer mais sobre o período pode consultar:

CASTRO GOMES, A. **A invenção do trabalhismo**. 3. ed. Rio de Janeiro: Ed. da FGV, 2005.

FURTADO, C. **Formação econômica do Brasil**. 34. ed. São Paulo: Companhia das Letras, 2007.

HIPPOLITO, L. **De raposas e reformistas**: o PSD e a experiência democrática brasileira (1945-64). 2. ed. Rio de Janeiro: Nova Fronteira, 2012.

LAVAREDA, A. **A democracia nas urnas**: o processo partidário-eleitoral brasileiro – 1945-1964. Rio de Janeiro: Iuperj/Rio Fundo, 1991.

SANTOS, W. G. dos. **Sessenta e quatro**: anatomia da crise. São Paulo: Vértice, 1986. (Coleção Grande Brasil Veredas, v. 1).

SOARES, G. A. D. **A democracia interrompida**. Rio de Janeiro: Ed. da FGV, 2001.

SOUZA, M. do C. C. de. **Estado e partidos políticos no Brasil (1930 a 1964)**. São Paulo: Alfa-Ômega, 1976.

Rodrigo Mayer

Capítulo 5
Ditadura civil-militar:
a construção do
bipartidarismo artificial

Conteúdos do capítulo:

- Criação do sistema bipartidário.
- Descrição dos principais partidos do período.
- Reformas eleitorais.
- Dinâmica eleitoral.
- Fim do bipartidarismo e retorno ao multipartidarismo.

Após o estudo deste capítulo, você será capaz de:

1. compreender a formação do sistema bipartidário do período e o porquê de sua artificialidade;
2. analisar a evolução do sistema partidário do período;
3. identificar as estratégias para a manutenção do apoio da maioria legislativa ao governo.

O fim da República de 1946 não acarretou o fim de seu sistema partidário, o qual permaneceu até meados de 1965, quando o governo militar o substituiu por outro sistema que melhor atendesse aos seus propósitos. Esse novo sistema se caracterizava por um bipartidarismo artificial, que não foi gerado pela sedimentação natural das clivagens sociais em duas legendas, e sim construído de modo externo à sociedade, com o objetivo de acomodar um partido governista e outro composto pela oposição tolerada – ou moderada – ao sistema.

Diferentemente de seu antecessor, o bipartidarismo não contou com amplo apoio social, e seus partidos não conseguiram enraizar-se na sociedade, pois obtiveram baixos índices de identificação partidária e de apoio da opinião pública em geral. Muito disso foi motivado pela ligação com o governo. Até mesmo a oposição teve um desgaste, pois era vista como submissa ao regime.

Um regime autoritário que promovia eleições era um paradoxo da ditadura civil-militar. Essa situação não era novidade no cenário brasileiro, pois se mostrou análoga ao que se vivia no período imperial, mas com um agravante: a diminuição dos direitos políticos (Carvalho, 2002; Motta, 2008).

O período foi marcado por inúmeras reformas na legislação eleitoral, de modo a fortalecer e a manter o domínio da Aliança Renovadora Nacional (Arena). O sonho dos militares era emular o Partido Revolucionário Institucional (PRI), que dominava a cena política mexicana há mais de 20 anos. Porém, o caráter plebiscitário e o desgaste do governo na década de 1970 afetaram o desempenho do partido e apressaram o fim do bipartidarismo.

5.1
DA TENTATIVA DE MANUTENÇÃO DO ANTIGO SISTEMA À IMPOSSIBILIDADE DE CONSTRUÇÃO DE UMA MAIORIA SÓLIDA

A ditadura civil-militar não encerrou imediatamente o sistema partidário da República de 1946, pois as legendas atuaram e disputaram eleições até o fim de 1965. A princípio, o novo regime buscou governabilidade e apoio nos antigos partidos conservadores, principalmente na União Democrática Nacional (UDN), no Partido Social Progressista (PSP) e nos demais pequenos partidos de mesma orientação ideológica – como o Partido de Representação Popular (PRP) e o Partido Trabalhista Nacional (PTN). Entretanto, mesmo enfraquecidos em virtude das cassações de mandatos de algumas de suas lideranças, a aliança entre o Partido Social Democrático (PSD) e o Partido Trabalhista Brasileiro (PTB) saiu vitoriosa das eleições para governadores em 1965, sobretudo em estados-chave, como Minas Gerais e Rio de Janeiro, o que forçou o governo a adotar novas estratégias partidárias (Fleischer, 1981).

Por causa desse fracasso, o novo governo percebeu a impossibilidade de construir maiorias sólidas em um ambiente dotado de instabilidade partidária. De modo geral, a situação política na metade da década de 1960 era caracterizada pelo personalismo, pela fragmentação partidária – alto número de partidos relevantes – e pela crescente volatilidade eleitoral gerada pelo aumento das ofertas partidárias e por alterações na situação socioeconômica do país. O Quadro 5.1 ilustra bem essa situação.

Quadro 5.1 – Fragmentação e volatilidade eleitoral na República de 1946

Eleição	Número efetivo de partidos	Volatilidade
1945	2,7	–
1950	4,7	21,7
1954	4,5	6,5
1958	4,4	6,8
1962	4,5	11,6

Fonte: Elaborado com base em Nicolau, 2004.

Passadas as eleições de 1945, que foram dominadas pelo PSD e pela UDN, os demais pleitos demonstraram um número elevado de competidores e, mais importante ainda, um alto número de atores relevantes durante todo o período. A volatilidade também se mostrou alta. Apesar das eleições de 1950, que se apresentaram ainda no processo de alinhamento das elites políticas, as demais exemplificaram a instabilidade do período e o processo de alteração da dinâmica, o que foi sentido mais intensamente em 1962, quando a fragmentação permaneceu no mesmo patamar, mas a volatilidade[1] apresentou um sensível crescimento.

A saída para esse impasse se deu com a criação de um novo sistema tutelado pelo aparato estatal, de modo a garantir a estabilidade do apoio ao novo regime. Sua gênese, no entanto, envolveu custos para o regime – e, principalmente, para os dois partidos nascentes –, como a desconfiança da opinião pública sobre as novas agremiações.

---

[1] A volatilidade eleitoral refere-se à variação do padrão eleitoral (de um partido ou de um conjunto de partidos) de uma eleição para outra(s) (Pedersen, 1979). Seu cálculo é relativamente simples: subtrai-se o somatório da porcentagem dos votos partidários agregados de uma eleição do agregado da eleição anterior – ou anteriores – e divide-se o resultado dessa soma por dois. O índice vai de 0 (sem flutuação entre as eleições) até 100 (total da oscilação).

Rodrigo Mayer

Isso porque, apesar de seus inúmeros defeitos – clientelismo, populismo, fragmentação, volatilidade, personalismo, entre outros –, os partidos anteriores lograram sedimentar sua atuação na sociedade, com crescentes – e elevados – índices de identificação partidária (Fleischer, 1981; Kinzo, 1988, 1993).

Como saída, optou-se por construir um sistema que artificialmente limitasse a fragmentação partidária, ao contrário do modo tradicional, por meio do qual a diminuição dessa fragmentação ocorria pela sedimentação das preferências partidárias no decorrer do tempo. Logo, os dirigentes militares publicaram o Ato Complementar n. 4 (AC-4)[2], de 20 de novembro de 1965 (Brasil, 1965a), que extinguiu os antigos partidos e estabeleceu os trâmites para a criação das novas entidades partidárias.

Os novos partidos eram essencialmente legendas parlamentares e exigiam a presença de, no mínimo, 120 deputados federais e 20 senadores, o que comporia um pouco menos de um terço dos congressistas para sua constituição[3]. Na teoria, esse número permitiria a formação de até três partidos políticos; entretanto, na prática, houve dificuldade para a construção de mais de um, pois a maioria dos congressistas optou por uma maior aproximação com o regime. A legenda de apoio ao governo (Arena) se formou rapidamente e contou com amplo apoio da parte dos congressistas. A oposição consentida, restrita ao Movimento Democrático Brasileiro (MDB), no entanto, enfrentou dificuldades, que envolveram a cassação de inúmeros parlamentares contrários ao regime, bem como outras questões. As dificuldades chegaram ao ponto de o governo militar forçar a intervenção

---

2   *O AC-4 veio um mês depois do Ato Institucional n. 2 (AI-2), que foi editado em outubro de 1965. O AI-2 versava sobre a extinção dos partidos políticos e a intervenção do regime no Poder Judiciário (Brasil, 1965b).*

3   *O Congresso anterior era composto por 409 deputados federais e 66 senadores.*

de parlamentares da situação, de modo a garantir o número mínimo de adesões ao MDB (Kinzo, 1988; Motta, 1996; Schmitt, 2000).

Quadro 5.2 – Distribuição dos parlamentares nos novos partidos políticos

Partido de origem*	Arena	Arena	MDB	MDB
	Câmara dos Deputados	Senado Federal	Câmara dos Deputados	Senado Federal
PSD	78	17	43	4
PTB	38	6	78	11
UDN	86	15	9	1
PSP	18	2	2	0
PDC	13	1	6	0
PTN	8	1	4	1
PRP	5	0	0	0
PL	3	2	0	0
PR	4	1	0	0
PRT	2	0	2	0
MTR	0	0	3	1
PST	2	0	0	0
PSB	0	0	2	1
Sem partido	0	0	0	1
Total	257	45	149	20

Fonte: Elaborado com base em Kinzo, 1988; Schmitt, 2000.
*Confira a lista de siglas partidárias ao fim do livro.

O Quadro 5.2 mostra a vantagem numérica da Arena. Dos três maiores partidos, foi a UDN que demonstrou mais unidade, com a maioria de seus membros se filiando ao partido governista (nove deputados e um senador se filiaram ao MDB, de forma surpreendente).

O PSD e o PTB demonstraram maior divisão, sendo a mais nítida nos pessedistas, que forneceram 78 deputados à Arena e 43 ao MDB. No Senado, porém, o PSD forneceu somente quatro senadores para a oposição consentida, fato que exemplifica as dificuldades para a construção da legenda. O PTB foi o partido que forneceu o maior número de membros ao MDB – mais da metade dos parlamentares necessários para a formação da Câmara foi oriunda dos trabalhistas. Contudo, tal partido também sinalizou a existência de divisões internas, embora menos que o PSD: 38 deputados e 6 senadores trabalhistas se filiaram à sigla governista.

Os pequenos partidos igualmente demonstraram uma tendência de migrar para a Arena, com destaque para dois deles: o PSP, que viu quase todos os seus integrantes optarem pela agremiação governista, e o PRP, que forneceu todos os seus deputados ao partido. A criação da Arena também foi facilitada pela cassação de inúmeros opositores, fato que enfraqueceu a oposição e as benesses da participação no governo.

Do outro lado, a formação do MDB contou com o apoio da aliança entre PSD e PTB, sendo complementada pelos pequenos partidos, como o Movimento Trabalhista Renovador (MTR)[4], o Partido Democrata Cristão (PDC) e o PTN. Entretanto, é importante reafirmar que a formação do MDB somente foi possível graças à permissão e à atuação do regime militar.

A formação de um sistema partidário, mesmo que artificial, forneceu uma aparência democrática ao sistema e facilitou a negociação do governo com o Parlamento. Os dois partidos tinham funções e objetivos diferentes para o sistema: a Arena seria o partido governista forte que daria sustentação política ao governo e, inspirada no

---

4   *Todos os parlamentares do MTR se filiaram ao MDB.*

PRI mexicano, atuaria como uma espécie de braço direito do regime. O MDB forneceria uma espécie de verniz democrático ao sistema, o qual teria, por sua vez, controle sobre os membros da oposição. Todavia, a diferença entre ambos não era tão nítida – o MDB era chamado pela opinião pública de "partido do sim", ao passo que a Arena era identificada como o "partido do sim, senhor". Ou seja, ambos deviam obediência ao governo, tanto pela adesão (Arena) quanto pela coerção (MDB) (Fleischer, 1981; Grinberg, 2009).

5.2
OS PARTIDOS POLÍTICOS DO PERÍODO AUTORITÁRIO

O golpe de 1º de abril de 1964 não encerrou o antigo sistema partidário, que sobreviveu até 24 de março de 1966, quando foi oficialmente substituído por um novo sistema, constituído de dois novos partidos políticos ou *organizações provisórias*, seguindo o termo utilizado pelos militares. O novo sistema contou com algumas peculiaridades, sendo que a artificialidade e a coexistência de um partido governista e de outro oposicionista foram suas principais características. Com relação a essa situação, cabe um questionamento importante: Quais foram os motivos para a adoção de tal desenho institucional?

Assim como em boa parte do Cone Sul, os militares brasileiros não eram afeitos aos partidos políticos (Mainwaring, 2001). Porém, sua rejeição não era tão alta quanto nos demais países da região, e o sistema precisava equilibrar dois fatores principais: a necessidade de fornecer espaço para os setores civis que apoiaram o golpe e garantir uma aparência democrática perante a comunidade internacional (Lamounier; Meneguello, 1986; Mainwaring, 2001).

Um importante questionamento se refere ao porquê de os militares terem optado por um sistema bipartidário em vez de um sistema de partido único. Segundo Lamounier e Meneguello (1986), o desenho institucional do novo sistema partidário teve inspiração no sistema britânico, admirado pelo primeiro presidente militar, o general Castelo Branco, e também no sistema mexicano, mais especificamente no domínio hegemônico do partido governista[5]. Os autores argumentam que a adoção do sistema híbrido foi uma estratégia do governo militar de deslegitimar a oposição por meio de um partido fraco e exposto ao constante escrutínio. Essa estratégia funcionou até 1974, quando a crise econômica trouxe alterações ao cenário político (Kinzo, 1988; Lamounier; Meneguello, 1986).

> Poucos sistemas partidários são, de fato, bipartidários e, quando existem, em sua maioria são construções artificiais do regime (Lijphart, 2003). Identificados como exemplos ideais desse sistema, os Estados Unidos e o Reino Unido têm mais de 100 partidos políticos organizados em seu interior; no entanto, a maioria é pouco relevante, e a competição eleitoral-partidária gira em torno de somente duas legendas.

O governo militar optou pela construção de uma legenda que reunisse, de um lado, todos os grupos apoiadores ao novo regime e, de outro, a oposição consentida. Tal estratégia visou coibir a proliferação de legendas no território nacional, o que aumentaria os custos para a manutenção da governabilidade, além de facilitar o controle da elite política por parte do regime.

---

5   *O Partido Revolucionário Institucional (PRI) governou ininterruptamente o México por mais de 70 anos (1929-2000). Apesar de o país contar com uma oposição organizada em seu interior, o PRI conseguiu se manter no poder em razão de práticas clientelistas e da utilização da máquina governamental (Palma, 2010).*

Diante disso, a Arena foi o rótulo escolhido pelos apoiadores do regime para competir eleitoralmente – apesar do peso da UDN em sua formação, que deu origem à famosa frase do general Villas-Bôas: "A Arena é a filha da UDN que caiu na zona" (Grinberg, 2009, p. 9). O partido contou com amplo apoio do PSD, sendo que a diferença de membros oriundos dos dois partidos foi de apenas oito deputados. Na realidade, a agremiação reuniu em suas fileiras os elementos conservadores espalhados nos mais diversos partidos (Grinberg, 2009).

Em suma, a Arena, durante sua existência, foi amplamente entendida como um partido conservador, de direita, que atuou como braço político de um regime autoritário e que foi conivente com a tortura praticada por esse mesmo regime. Isso levou a agremiação a adquirir um estigma de submissão ao regime militar, pois obedecia a este. Além disso, a Arena atuava como uma espécie de bode expiatório do governo, pois o regime não podia ser criticado publicamente, mas o partido que o representava, sim (Grinberg, 2009).

Na direção contrária do imaginário comum e apesar da pecha de artificial, a Arena contou com ampla representação na sociedade, em virtude da natureza de seus membros. Estes, em boa parte, eram lideranças experientes com capital político próprio e independentes da legenda. Nesse sentido, tais lideranças emprestavam esse atributo à legenda, que, até então, carecia de identidade própria. Em razão desse capital prévio, a agremiação apresentou heterogeneidade interna entre seus membros, fortalecendo sua atuação regional, de modo a ampliar seu capital político. Tal situação gerou conflitos latentes entre o partido e o governo militar[6], embora o regime contasse com ferramentas para frear possíveis rebeliões, como a cassação e a escolha de lideranças partidárias (Grinberg, 2009).

---

6   *Ao todo, o regime militar cassou 173 deputados federais.*

Por sua vez, a trajetória do MDB foi mais acidentada. De início, a legenda enfrentou dificuldades para se constituir – *vide* a cassação de vários membros do PTB (partido que mais lhe forneceu membros) – e, consequentemente, para atingir o número mínimo de filiados para sua formação. Após a intervenção do governo, a agremiação conseguiu seu registro formal, porém o regime militar ainda exercia influência sobre seu desenvolvimento, por meio de pressões, cassações, expulsões e ameaças aos seus membros.

A ação governamental, nesse sentido, também significou um problema interno para o MDB (Kinzo, 1988), porque acabou gerando um conflito entre os integrantes vindos de partidos progressistas e os membros governistas e/ou conservadores. Tal conflito girava em torno de colaborar ou resistir ao sistema político vigente. É fundamental salientar que o MDB já se encontrava dividido sem a presença do segundo grupo, pois sua formação considerou elementos diversos e, até certo ponto, conflitantes. A moderação do discurso resultou em um desgaste perante a opinião pública, em virtude do não enfrentamento do regime e, também, pela colaboração de vários de seus membros com o governo, fato que gerou estranhamento na população, que considerava a legenda submissa, subversiva e, até mesmo, comunista (Kinzo, 1988).

Internamente, o partido consistia em uma união de diversos grupos tolerados pelo regime militar, o que excluía de seu interior membros de alguns partidos, como do Partido Comunista Brasileiro (PCB), membros cassados do PTB, além de políticos que tiveram seus direitos suspensos e representantes de demais grupos não moderados (Kinzo, 1988).

5.3
O SISTEMA ELEITORAL: CONSTANTES REFORMAS

O período da ditadura civil-militar contou com reformas constantes na legislação eleitoral, de modo a frear o crescimento da oposição e evitar o aparecimento de outras forças partidárias. As reformas também objetivaram diminuir o impacto do caráter plebiscitário das eleições e fortalecer o papel da Arena como força dominante do sistema partidário.

Após a aprovação da Constituição de 1967, a legislação partidária brasileira sofreu as primeiras modificações. A principal alteração foi referente às regras para a formação de novos partidos políticos. Estes, para se constituírem, deveriam contar com o apoio de, no mínimo, 10% do eleitorado, distribuídos em dois terços dos estados, sendo que o apoio em cada unidade deveria ser de, pelo menos, 7%. Obviamente, essa medida não visava à regulamentação de novos partidos, mas à criação de barreiras para a formação das legendas, ao mesmo tempo que mantinha a aparência democrática do sistema.

Com o Ato Institucional n. 5 (AI-5)[7], de 13 de dezembro de 1968 (Brasil, 1968), a regulamentação dos partidos se tornou alvo de novas modificações. A primeira foi a suavização da cláusula que previa a obrigatoriedade de apoio em cada unidade (de 7% passou para 5%), embora o objetivo continuasse sendo a inviabilização de novas legendas. A segunda alteração foi a criação da fidelidade partidária, segundo a qual os partidos políticos tinham tanto o poder

---

7   O AI-5 foi a medida mais dura do governo militar perante a sociedade e a classe política. Suas disposições forneciam poderes ao Executivo, que, entre outros dispositivos, poderia intervir nos estados e nos municípios; cassar mandatos de parlamentares; suspender direitos políticos pelo prazo de até dez anos. Também foram instituídas a censura prévia, a proibição de manifestações de cunho político e a suspensão do direito ao habeas corpus em caso de crimes políticos e de atentados à ordem política, social e econômica.

de retirar o mandato de parlamentares que atentassem contra as diretrizes partidárias quanto de impedi-los de votar contra as orientações da liderança.

A década de 1970 contou com mais reformas. A primeira foi a Lei Falcão, de 1976, que recebeu esse nome por ter sido elaborada pelo então ministro da Justiça, Armando Falcão. Essa lei dispunha sobre a organização das campanhas eleitorais e estabeleceu uma padronização para esses eventos: os candidatos tinham autorização somentepara descrever seus currículos de forma breve e estavam proibidos de realizar outras manifestações e utilizar *jingles*. O objetivo dessa padronização era conter o aumento da simpatia da população pelo MDB e, por conseguinte, amenizar o caráter plebiscitário das eleições.

A última grande reforma da legislação antes do retorno do multipartidarismo foi o Pacote de Abril, decretado em 1977, o qual estabeleceu as eleições indiretas para o cargo de governador e o aumento do número de representantes no Congresso Nacional, ampliando o número de representantes das regiões Norte e Nordeste, áreas em que a Arena contava com um apoio significativo. Além disso, a legislação criou a figura do senador biônico (um senador nomeado pelo governo). Como as eleições de 1978 renovariam o Senado Federal em dois terços, o regime militar exigiu que metade do número de senadores deveria ser eleita de forma indireta, ao passo que a outra metade seria eleita de forma direta. O objetivo dessa reforma foi garantir o protagonismo do governo no processo de redemocratização do sistema, iniciado em 1975.

Logo, a última reforma do sistema político-eleitoral tratou do fim do bipartidarismo e do retorno do multipartidarismo, em razão do desgaste do sistema bipartidário e do caráter plebiscitário das eleições, além de ter sido uma tentativa de dividir a oposição. Analisaremos essa reforma no próximo capítulo.

> O processo de transição democrática no Brasil foi longo. Iniciou no governo Geisel (1974-1979), com a diminuição da censura, o desaparelhamento do sistema de repressão estatal, a Lei da Anistia de 1979 – Lei n. 6.683, de 28 de agosto de 1979 (Brasil, 1979a) – e a revogação do AI-5, também em 1979, e foi completada somente em 1989, com a eleição de Fernando Collor de Mello à presidência do país.

5.4
Eleições: restrições aos direitos políticos e domínio da Arena

As primeiras eleições realizadas durante o novo regime contaram com a presença dos antigos partidos, mesmo com os elementos cassados e expulsos, em uma tentativa de contar com o apoio das forças conservadoras. No entanto, a manutenção do antigo sistema partidário nas eleições de 1965 demonstrou ser um entrave aos objetivos do governo, pois atestou a incapacidade de a UDN ser a principal força política e o poderio da aliança PSD-PTB, que elegeu governadores em estados-chave, como Minas Gerais e Rio de Janeiro.

Após o pleito de 1965 e com a consequente reestruturação do sistema, as eleições passaram a ser constantes durante o regime militar. Entretanto, elas não atingiam todos os níveis, sendo que governadores, prefeitos de capitais e de localidades de segurança nacional, além do presidente da República, eram eleitos de modo indireto por meio de colégios eleitorais.

A nível nacional, as eleições se resumiam às eleições legislativas, que ocorreram de forma ininterrupta entre 1966 (dois anos antes do AI-5 e do aumento da repressão do sistema) e 1978, ano das últimas eleições sob o sistema bipartidário, que chegaria ao fim após dois anos. Em todas as eleições do período, a Arena levou vantagem sobre o MDB, embora ela tenha diminuído com o passar do tempo, o que evidenciou o desgaste do regime.

De 1966 a 1978, ocorreram eleições regulares para o Congresso Nacional – as eleições de 1982 ainda transcorreram sob esse regime, mas não foram mais organizadas por meio do bipartidarismo, e sim pelo pluripartidarismo. As primeiras eleições revelaram o domínio da Arena e o fraco apoio dado ao MDB. Porém, esse cenário se inverteu após 1974, quando o partido oposicionista cresceu exponencialmente no país e passou a rivalizar com os governistas, fato que contribuiu para os diferentes casuísmos por parte do regime, exemplificados nas constantes alterações da legislação eleitoral.

Quadro 5.3 – Resultado das eleições de 1966

Partido*	Deputados eleitos (número)	Deputados eleitos (%)	Senadores eleitos (número)	Senadores eleitos (%)
Arena	277	67,7%	18	81,8%
MDB	132	32,3%	4	18,2%
Total	409	100%	22	100%

Fonte: Elaborado com base em Kinzo, 1988; Schmitt, 2000.
*Confira a lista de siglas partidárias ao fim do livro.

As eleições de 1966, como mostra o Quadro 5.3, contaram com o predomínio da Arena, que elegeu quase 70% dos deputados e mais de 80% dos senadores. Esse domínio foi auxiliado pela cassação de membros emedebistas e pelas dificuldades encontradas pela legenda opositora em se estruturar ao longo dos territórios nacionais, visto que a Arena já contava com uma sólida base calcada nas oligarquias regionais e também no capital político de suas lideranças. Esse cenário não se alterou em 1970 e, até certo ponto, acabou se agravando.

O Quadro 5.4 mostra os números do pleito de 1970.

Quadro 5.4 – Resultado das eleições de 1970

Partido*	Deputados eleitos (número)	Deputados eleitos (%)	Senadores eleitos (número)	Senadores eleitos (%)
Arena	223	71,9%	41	89,1%
MDB	87	28,1%	5	10,9%
Total	310	100%	46	100%

Fonte: Elaborado com base em Kinzo, 1988; Schmitt, 2000.
*Confira a lista de siglas partidárias ao fim do livro.

As eleições de 1970 foram as mais críticas para a oposição, que viu sua base eleitoral ser reduzida em comparação às eleições anteriores. Segundo Schmitt (2000), o domínio foi tão amplo que se assemelhou a uma situação de partido único e trouxe o debate sobre a dissolução da legenda. O desempenho eleitoral da Arena foi auxiliado pelo aumento do uso da força por parte do governo após o AI-5, que intensificou a repressão política, a censura e as cassações de membros do Parlamento (Brasil, 1968). Outro fator que contribuiu para o êxito eleitoral arenista foi o chamado *milagre econômico brasileiro*, que se constituiu em um expressivo crescimento econômico do país.

> O crescimento do Brasil entre 1969 e 1973 foi conhecido como *milagre econômico*. No período, o país apresentou um grande crescimento econômico (em média, 13% ao ano), melhorias na infraestrutura e aumento das vagas de emprego. Porém, o milagre apresentou algumas características negativas, como alta na inflação (superior a 15% ao ano), crescimento da dívida externa devido ao financiamento por meio de empréstimos e aumento da concentração de renda.

A situação arenista de amplo domínio, contudo, sofreu um importante revés nas eleições seguintes, com o acentuado crescimento do MDB, surpreendendo a todos no cenário político nacional. No entanto, as eleições de 1974, conforme exposto no Quadro 5.5, apresentaram resultados que refletiam os efeitos negativos do milagre econômico: se, em 1970, o regime colheu os bônus do crescimento, quatro anos depois ele enfrentou os aspectos negativos da política econômica. As eleições de 1974 também foram as primeiras realizadas durante a transição lenta para a democracia (Motta, 2008; Schmitt, 2000).

Quadro 5.5 – Resultado das eleições de 1974

Partido*	Deputados eleitos (número)	Deputados eleitos (%)	Senadores eleitos (número)	Senadores eleitos (%)
Arena	204	56%	6	27,3%
MDB	160	44%	16	72,7%
Total	364	100%	22	100%

Fonte: Elaborado com base em Kinzo, 1988; Schmitt, 2000.
*Confira a lista de siglas partidárias ao fim do livro.

Para muitos, as eleições de 1974 foram o principal divisor de águas da ditadura (Schmitt, 2000). Elas trouxeram equilíbrio pela primeira vez às eleições do período e apresentaram um cenário típico de um sistema bipartidário. O resultado das eleições, conforme o Quadro 5.5, foi surpreendente porque o MDB chegou a quase duplicar sua representação na Câmara dos Deputados e obteve no Senado quase três vezes mais cadeiras do que a Arena (Kinzo, 1988).

O resultado desse pleito pode ser entendido como uma consequência do caráter plebiscitário que as eleições atingiram, bem como do desgaste do regime devido ao fim do milagre econômico e à nascente crise da economia. Tal cenário forçou o começo da transição para a democracia; entretanto, esse processo foi gradual, levando mais de 15 anos para ser concluído.

> A emergência de regimes autoritários na América Latina marcou as décadas de 1960 e 1970. Ao fim dos anos 1970, os países latino-americanos enfrentaram períodos de transição: no caso do Chile e do Uruguai, tais transições foram compactuadas com os militares; em outros países, como a Argentina, não houve participação dos militares, em virtude da situação de fragilidade vivida pelo país. No Brasil, a transição foi controlada pelos grupos militares (Linz; Stepan, 1999; O'Donnell, 1987).

As eleições de 1978 foram realizadas sob a Lei Falcão, que restringia a liberdade de campanha dos candidatos – os quais somente podiam ditar um breve currículo – e instituía a figura do senador nomeado pelo governo (o senador biônico), de modo a garantir uma maior representação da Arena durante o processo de transição.

Quadro 5.6 – Resultado das eleições de 1978

Partido*	Deputados eleitos (número)	Deputados eleitos (%)	Senadores eleitos (número)	Senadores eleitos (%)
Arena	231	55%	15	65,2%
MDB	189	45%	8	34,8%
Total	420	100%	23	100%

Fonte: Elaborado com base em Kinzo, 1988; Schmitt, 2000.
*Confira a lista de siglas partidárias ao fim do livro.

Conforme pode ser observado no Quadro 5.6, as eleições de 1978 mantiveram o equilíbrio apresentado nas eleições anteriores, com uma diferença pequena entre os dois partidos. No Senado, a figura do senador biônico trouxe resultado, uma vez que o partido governista obteve o dobro do número de senadores eleitos pelo MDB.

Os resultados das eleições de 1978 duraram pouco, pois, no ano seguinte, o governo militar ditou regras para o retorno ao pluripartidarismo, causando o fim dos antigos partidos e o surgimento de seis novas legendas.

5.5
O RETORNO AO MULTIPARTIDARISMO

O retorno ao pluripartidarismo ocorreu durante a transição para a democracia promovida pelo regime militar ao fim da década de 1970. Com o crescente desgaste do governo militar devido à crise econômica do país, o regime buscou meios de controlar a transição, para que ela ocorresse conforme suas ambições e interferências (Motta, 2008). A fraqueza das legendas de esquerda, nesse período, também contribuiu para tal transição, visto que elas se encontravam desestruturadas como partidos políticos e contaram com pouca participação nos sindicatos, além de sofrerem muita repressão (Schmitt, 2000).

O processo de abertura começou no governo do general Ernesto Geisel e foi concluído com as eleições presidenciais de 1989, quando ocorreu a eleição de Fernando Collor de Mello à presidência do Brasil. Para muitos especialistas, o processo gradual de transição contou com amplo domínio do regime militar, de modo a controlar seu desenvolvimento. Entre as principais medidas adotadas no processo de transição ao novo sistema, podemos citar:

1. ampla anistia aos presos políticos e a membros do regime;
2. fim da censura e da intervenção estatal nos meios de comunicação e nos sindicatos;
3. desestruturação gradual dos aparelhos de repressão;
4. fim do sistema bipartidário e retorno ao pluripartidarismo;

5. transição do poder para a sociedade civil (Motta, 2008; Schmitt, 2000).

O processo de transição foi marcado pelo crescente desgaste do regime militar perante a opinião pública, devido à crise econômica e também a motivos políticos, como a rejeição, em 1977, ao projeto de reforma do Poder Judiciário, que ocasionou o fechamento do Congresso e a criação do Pacote de Abril, definindo novas normas para as eleições de 1978 e 1982. Entre essas normas, houve a criação do já citado senador biônico; a extensão do mandato presidencial de cinco para seis anos; eleições indiretas para o cargo de governador, em 1978; a adoção de eleições diretas para todos os cargos, exceto parao de presidente, em 1982. As eleições deste último ano – como analisaremos mais detalhadamente no próximo capítulo – tiveram como peculiaridade a vinculação do voto em todas as instâncias. Para ser válido, o voto teria de ser dado ao mesmo partido em todos os cargos em disputa.

O fim do AI-5 também influenciou o processo de transição, pois permitiu a reorganização da sociedade civil e pressionou o governo por mudanças mais rápidas. Aliado a isso, o desgaste do sistema bipartidário forçou a reordenação dos partidos políticos. Em si, o sistema bipartidário nunca satisfez a população, que o considerava artificial – ele não representava os interesses da sociedade brasileira –, daí os baixos índices de identificação partidária e a constante cassação de membros do MDB (Kinzo, 1988). O fim do AI-5 gerou ainda o receio de uma derrota esmagadora da Arena nas eleições de 1982, o que faria o governo perder o domínio sobre o Colégio Eleitoral daquele ano e, consequentemente, força na reta final da transição democrática.

A saída encontrada para resolver os problemas de representação das forças governistas sem que fosse necessário elaborar mais reformas para fortalecer a Arena – o que custaria caro para o governo – foi o fim do sistema bipartidário e a criação de um sistema multipartidário em que as forças governistas se encontrassem reunidas em um único partido e a oposição se dividisse em várias frações.

A Lei Federal n. 6.767, de 20 de dezembro de 1979 (Brasil, 1979b), pôs fim ao sistema partidário em funcionamento e, como consequência, à Arena e ao MDB, fato que não foi lamentado pela opinião pública. Diferentemente do sistema partidário anterior, que, apesar dos problemas, conseguiu formalizar laços com a sociedade civil, as duas máquinas partidárias do regime militar se encontravam distantes da sociedade, muito por sua proximidade com o sistema (Arena) ou pela percepção de um baixo engajamento contra o regime (MDB).

Síntese

Neste capítulo, mostramos que, a princípio, o regime civil-militar buscou manter o sistema partidário da República de 1946. Porém, em razão do fracasso eleitoral, sobretudo da UDN nas eleições de 1965, os líderes do regime optaram por desestruturar o antigo sistema partidário e construir, artificialmente, um novo. Logo, a formação de tal sistema não ocorreu por meio da sedimentação das clivagens sociais ou de estratégias políticas, mas foi resultado da ação direta do governo, segundo o qual os parlamentares deveriam organizar-se em até três partidos.

Apesar de permitir a existência de três partidos, o novo sistema mal conseguiu formar dois, visto que poucos deputados e senadores optaram por ir para a oposição, situação que trouxe a necessidade de intervenção da junta militar em relação a alguns parlamentares. Resolvida essa questão, o sistema partidário do regime civil-militar girou em torno do apoio ou da oposição ao governo. Nesse sentido, a Arena consistiu no partido oficial de governo, e o MDB, no partido de oposição consentida, característica que forneceu uma espécie de verniz democrático ao governo e aumentou o caráter plebiscitário das eleições.

Embora fossem regulares, as eleições do período não eram livres de fato, pois sofriam reformas constantes de modo a evitar a alternância do poder – uma política reforçada pelas constantes cassações de mandatos e pelas ameaças a membros da oposição. De início, o processo eleitoral mostrou a força do governo, contudo, com o desgaste do regime militar, a situação se alterou, forçando mudanças na lei que culminaram no fim do bipartidarismo em 1979 e no retorno ao pluripartidarismo no ano seguinte.

Questões para revisão

1. O fim do sistema partidário de 1946 não foi imediato, pois permaneceu em funcionamento até 1965. Nesse ano, foram realizadas eleições, mas, após o desempenho insatisfatório da União Democrática Nacional (UDN), o novo regime optou pelo fim do sistema partidário e pela criação de um novo. Por que a formação desse novo sistema foi considerada artificial?

2. Durante o período da ditadura civil-militar, houve inúmeras reformas eleitorais com vistas a manter o predomínio da Aliança Renovadora Nacional (Arena) no sistema político-partidário. No entanto, a quantidade grande de reformas evidenciou a fragilidade do partido governista, bem como o caráter plebiscitário das eleições. Quais eram os objetivos das constantes reformas eleitorais?

Rodrigo Mayer

3. Indique a seguir a alternativa que apresenta um (ou mais) motivo(s) dado(s) pela literatura especializada para o fim do sistema partidário da República de 1946:
   a) Grande desempenho da União Democrática Nacional (UDN).
   b) Forte desempenho da aliança entre o Partido Social Democrático (PSD) e o Partido Trabalhista Brasileiro (PTB), aliado ao fraco desempenho da UDN.
   c) Baixo desempenho das forças tradicionais nas eleições de 1965.
   d) Ressurgimento do Partido Comunista Brasileiro (PCB) como uma força eleitoral.
   e) Pressões descentralizadoras sobre o regime.

4. A Aliança Renovadora Nacional (Arena) e o Movimento Democrático Brasileiro (MDB) foram criados de modo artificial, por meio da ação do governo militar. Quais foram os critérios exigidos para a formação dos dois partidos?
   a) Conseguir a filiação de aproximadamente um terço dos parlamentares.
   b) Obter 500 mil assinaturas de apoio em pelo menos metade dos estados.
   c) Conseguir 4 mil filiados em cada estado do país.
   d) Conseguir 100 mil filiados e o apoio de, no mínimo, 5% dos parlamentares.
   e) Conseguir a filiação de metade dos parlamentares.

5. As eleições de 1974 apresentaram uma nova dinâmica de competição que acabou norteando os demais pleitos do período. Quais foram os impactos dessa alteração?
   a) Fortalecimento da Aliança Renovadora Nacional (Arena) e fim da crise econômica.
   b) Crescimento do Movimento Democrático Brasileiro (MDB) e avanço do milagre econômico.
   c) Maior equilíbrio entre os partidos e fim da crise econômica.
   d) Fortalecimento da Arena e avanço do milagre econômico.
   e) Grande crescimento do MDB devido à crise econômica e ao caráter plebiscitário do regime.

Questões para reflexão

1. Sistemas bipartidários puros são relativamente raros nos sistemas políticos. A maioria desses sistemas tem mais de dois partidos. Contudo, somente dois são relevantes e estruturam o jogo político. Em sua opinião, quais podem ter sido as motivações do regime civil-militar para a adoção do bipartidarismo? O novo sistema teria sido inspirado em algum outro modelo?

2. Apesar de se constituir como regime autoritário, a ditadura brasileira manteve partidos em funcionamento e eleições regulares, em oposição a uma visão mais pura de regime ditatorial. Reflita sobre os motivos que podem ter levado o regime ditatorial a adotar essa estratégia.

Para saber mais

O leitor interessado em conhecer mais sobre a ditadura brasileira pode consultar:

GASPARI, E. **A ditadura envergonhada**. 2. ed. Rio de Janeiro: Intrínseca, 2014. v. 1.

GRINBERG, L. **Partido político ou bode expiatório**: um estudo sobre a Aliança Renovadora Nacional (Arena), 1965-1979. Rio de Janeiro: Mauad X; Faperj, 2009.

KINZO, M. D. G. **Oposição e autoritarismo**: gênese e trajetória do MDB (1966-1979). Tradução de Heloisa Perrone Attuy. São Paulo: Idesp/Vértice, 1988. (Coleção História Eleitoral do Brasil).

REIS, D. A (Coord.). **Modernização, ditadura e democracia**: 1964-2010. Rio de Janeiro: Objetiva, 2014.

SKIDMORE, T. **Brasil**: de Getúlio a Castelo (1930-64). Tradução de Berilo Vargas. 14. ed. São Paulo: Paz e Terra, 2007.

CAPÍTULO 6
Nova República:
do retorno do
multipartidarismo à alta
fragmentação partidária

Conteúdos do capítulo:

- Conformação do atual sistema partidário.
- Expansão do sistema partidário e as causas de sua crescente fragmentação.
- O atual sistema partidário de acordo com a bibliografia especializada.
- Principais partidos políticos.
- Dinâmica eleitoral.

Após o estudo deste capítulo, você será capaz de:

1. descrever a formação do atual sistema partidário;
2. identificar os motivos da alta fragmentação e da chamada *fragilidade* do sistema partidário brasileiro, bem como os argumentos segundo os quais o sistema se estabilizou;
3. apontar os principais partidos políticos e suas diferenças;
4. analisar a competição eleitoral e a alteração de forças no período.

O atual sistema partidário brasileiro é produto direto da ação do governo militar, ou seja, seu surgimento se deu com o objetivo de manter o poder do regime de 1964 durante o final da abertura do longo processo de transição que o país atravessou. Inicialmente, o sistema somente visava fragmentar a oposição em vários partidos e manter os apoiadores em um único partido. De início, tal estratégia foi bem-sucedida, e os apoiadores do regime se concentraram no Partido Democrático Social (PDS)[1], enquanto a oposição se dispersou em vários partidos[2]. Na década de 1980, porém, o cenário se alterou: houve uma proliferação de agremiações e, por consequência, o aumento da fragmentação partidária. No início da década de 2020, existiam cerca de 30 partidos registrados no Tribunal Superior Eleitoral (TSE).

6.1
O NASCIMENTO DO ATUAL SISTEMA PARTIDÁRIO

O ressurgimento do multipartidarismo ocorreu ainda sob o regime militar, que teve um fim apressado, para que o governo mantivesse o controle sobre o processo de democratização e, como consequência, influenciasse diretamente na escolha do governo que terminaria o processo de transição. Nesse sentido, dois fatores contribuíram para a dissolução do bipartidarismo. O primeiro foi que, depois de 14 anos, o sistema não chegou a se consolidar perante a opinião pública, sendo alvo de críticas constantes acerca de seu artificialismo.

---

1   Nas décadas de 1980 e 1990, o PDS se fragmentou em várias legendas, entre elas o Partido Progressista (PP) e o Partido da Frente Liberal (PFL), atual Democratas (DEM).
2   São eles: Partido do Movimento Democrático Brasileiro (PMDB), Partido Democrático Trabalhista (PDT), Partido Popular (PP), Partido Trabalhista Brasileiro (PTB) e Partido dos Trabalhadores (PT).

O caráter plebiscitário e a natureza das eleições também reforçaram esse aspecto, pois as críticas eram direcionadas aos partidos, já que o regime não poderia ser diretamente criticado.

O segundo fator foi a Emenda Constitucional n. 11, de 13 de outubro de 1978 (Brasil, 1978), que estabeleceu a anistia política e revogou os atos institucionais anteriores, inclusive o Ato Institucional n. 5 (AI-5), de 13 de dezembro de 1968 (Brasil, 1968). Para Schmitt (2000), o processo de abertura inviabilizou a permanência de somente dois partidos, visto que abriu possibilidades de formação de novos conflitos, não apenas entre governo e oposição. Como forma de manter o domínio sobre todo o processo e também evitar a vitória da oposição no pleito eleitoral seguinte, o regime civil-militar optou por abrir o sistema a novos atores e, assim, dividir a oposição.

Pela primeira vez, a mudança de sistema partidário não foi acompanhada por um processo de ruptura institucional, mas foi usada como estratégia pelo próprio regime. O reordenamento do sistema não ocorreu após o fim de um regime, como na passagem do Império para a Primeira República, na troca desta pela República de 1946 e, em seguida, na adoção do bipartidarismo da ditadura civil-militar brasileira. As transformações, tão comuns nos sistemas partidários, não aconteceram pelo surgimento de novas agremiações que representassem clivagens sociais ou novos temas sociais que motivassem o aparecimento de partidos inéditos, mas, como dito anteriormente, como uma estratégia das elites políticas para reiniciar o sistema do zero, com os antigos atores adotando novas etiquetas. A não representação de clivagens sociais em quase todas as legendas nacionais gerou duras críticas a elas pela literatura especializada (Mainwaring; Scully, 1995), sobretudo pela baixa capacidade de praticamente todos os partidos de construir laços com a sociedade brasileira.

Assim como na construção do sistema partidário anterior, exigiu-se, para a construção dos novos partidos, um percentual mínimo de apoio parlamentar (5%) distribuído em pelo menos metade dos estados brasileiros. Essa regra, no entanto, foi afrouxada em 1983, quando as agremiações passaram a contar com a possibilidade de formação por meio da união de parlamentares. Em 1985, também foi retirada a proibição da composição de partidos comunistas e socialistas, o que permitiu o retorno do Partido Comunista Brasileiro (PCB) e do Partido Socialista Brasileiro (PSB), além da atuação legal do Partido Comunista do Brasil (PCdoB). Ao todo, seis novos partidos surgiram com a legislação de 1979; destes, cinco permanecem até os dias atuais – um deles teve vida efêmera e logo foi absorvido pelo Partido do Movimento Democrático Brasileiro (PMDB)[3].

O novo sistema logo ganhou novos competidores, em virtude das cisões no interior dos partidos e, no início, do realinhamento das elites políticas nacionais. A cisão ocorreu de modo mais intenso nos setores da esquerda, que se dividiram entre o Partido Democrático Trabalhista (PDT), o Partido Trabalhista Brasileiro (PTB) e o Partido dos Trabalhadores (PT). Os dois primeiros representavam a tentativa de reclamar a herança varguista, sendo que o PDT reuniu os setores ideológicos sob a liderança de Leonel Brizola, e o PTBreuniu os fisiológicos sob a direção de Ivete Vargas. O PT, como mostraremos mais adiante, foi uma novidade no quadro político-partidário brasileiro e até mesmo latino-americano, pois foi uma das primeiras formações de massa do país (Meneguello, 1989; Ribeiro, 2013a, 2013b).

---

3 *As legendas que surgiram foram: Partido do Movimento Democrático Brasileiro (PMDB), Partido Democrático Social (PDS), Partido Democrático Trabalhista (PDT), Partido Popular (PP), Partido Trabalhista Brasileiro (PTB) e Partido dos Trabalhadores (PT). O PP teve vida curta e acabou incorporado pelo PMDB.*

Os outros três partidos refletiam, de modo mais claro, a dinâmica do sistema bipartidário. O MDB passou a se chamar Partido do Movimento Democrático Brasileiro (PMDB),[4] detalhe que garantiu uma maior identificação inicial da população com a legenda.

Por sua vez, o PP (Partido Popular) – que não tem nada a ver com o atual PP (Partido Progressista) –, formado pela ação de Tancredo Neves e Magalhães Pinto com dissidentes da Aliança Renovadora Nacional (Arena) e do MDB, teve curtíssima trajetória. Seu principal objetivo era a ocupação do espaço político existente entre as antigas legendas. Com seu fim, a agremiação foi absorvida pelos emedebistas (Kinzo, 1988, 1993; Mainwaring; Meneguello; Power, 2000).

Já o PDS era, basicamente, o antigo partido Arena, mas com uma nova roupagem, pois manteve a estrutura organizacional e a maioria de seus membros. A adoção de um novo nome foi oriunda de um alto desgaste que o partido acumulara durante todo o regime civil-militar e também se deveu ao fato de que a legenda nunca caiu no gosto popular.

O governo não ficou incólume às cisões, e o PDS se dividiu durante os trabalhos do Colégio Eleitoral de 1984, em razão da incerteza sobre as candidaturas governistas. Por um lado, grande parte da máquina governista apoiou a candidatura do ex-governador de São Paulo, Paulo Maluf, à presidência; por outro, havia um contingente numeroso de apoiadores do candidato oposicionista, Tancredo Neves. Isso causou uma cisão significativa, pois, para viabilizarem esse apoio, os então membros do PDS fundaram um novo partido: o Partido da Frente Liberal (PFL) (Tarouco, 1999).

---

4   *Em 2017, o partido voltou a se chamar MDB.*

6.2
A EXPANSÃO E POSSÍVEL RETRAÇÃO DO SISTEMA PARTIDÁRIO

Ao todo, entre 1980 e 2023, foram criados aproximadamente 100 partidos e mais de 80 legendas. A maioria foi fundada na primeira década da Nova República (a maior parte dessas agremiações teve vida curta, chegando a durar apenas uma eleição). Um salto no número de partidos novos ocorreu depois de 2010, não como expansão natural do sistema decorrente de novas clivagens sociais, mas como estratégia de lideranças políticas para angariar influência e recursos financeiros.

Mas o que explica essa expansão do sistema? Na primeira fase da Nova República (até 1995), partidos com registro provisório eram permitidos nas eleições. No entanto, após insucessos eleitorais, essas agremiações logo desapareciam, pois os incentivos para sua consolidação diminuíam sem o acesso ao poder político. Muitos desses *flash-parties*[5] nada mais eram do que veículos para a viabilização eleitoral de alguma liderança, fato que explica os baixos incentivos para a construção de estruturas partidárias duradouras (Panebianco, 2005). Não que os partidos não sejam veículos eleitorais, mas, segundo a definição de LaPalombara (1982), eles necessitam de mais atributos para se constituírem como partidos políticos, como sobreviver às suas primeiras lideranças e buscar apoio na sociedade, por exemplo.

Até as eleições de 2018, o número de partidos se encontrava em expansão. A diminuição da quantidade de partidos foi consequência da reforma eleitoral de 2017, que passou a proibir coligações nas

---

5   Os flash-parties *são partidos políticos de curta duração. Normalmente, duram uma ou duas eleições, mas logo desaparecem, em virtude do baixo desempenho eleitoral (Rose; Mackie, 1988).*

eleições proporcionais[6] a partir de 2020, sob o argumento de que se deve evitar que partidos utilizem a votação de outros partidos para eleger seus parlamentares, bem como criou uma cláusula de desempenho gradual[7] a partir de 2018 até 2030[8] (Senado Federal, 2017).

No caso brasileiro, essas cláusulas não proíbem a participação dos partidos nos parlamentos, mas retiram acesso dos partidos ao fundo partidário, tempo de televisão e rádio, estrutura no Congresso Nacional e a condição de seus candidatos eleitos poderem migrar para outras legendas sem sofrerem punições.

A reforma eleitoral de 2021 criou as federações partidárias sob a justificativa de que as alianças eram permitidas nas eleições majoritárias; ademais, as federações permitiriam alianças para todos os cargos durante o mandato (TSE, 2023a). Portanto, as federações possibilitam que diferentes partidos atuem como um[9] só nas eleições

---

[6] *Em 2006, vigoraria uma cláusula de barreira com o objetivo de diminuir a quantidade de partidos, porém esta foi derrubada no mesmo ano pelo Supremo Tribunal Federal (STF) sob o argumento de que prejudicaria minorias e partidos ideológicos.*

[7] *No pleito de 2018, a cláusula era de 1,5% dos votos para deputado federal, com a votação distribuída em pelo menos 9 estados (com, no mínimo, 1% em cada um). Nas eleições daquele ano, 21 partidos atenderam à cláusula e outros 14 não conseguiram. Em 2022, a cláusula era de 2% dos votos para deputado federal (com, no mínimo, 1% dos votos em cada um dos 9 estados), os quais deveriam estar distribuídos em pelo menos 9 estados da Federação; caso contrário, o partido deveria eleger pelo menos 11 deputados federais. No pleito de 2022, apenas 12 partidos e federações atingiram a marca e outros 16 não conseguiram (Senado Federal, 2017).*

[8] *Nas eleições de 2026, a cláusula será de 2,5% dos votos válidos para deputado federal, distribuídos em pelo menos um terço dos estados (com, no mínimo, 1,5% dos votos em cada um); alternativamente, o partido terá de eleger 13 deputados federais, distribuídos em pelo menos 9 estados. Em 2030, os partidos deverão ter 3% dos votos válidos em pelo menos um terço dos estados, com exigência de 2% dos votos em cada um, ou então eleger pelo menos 15 deputados federais, distribuídos em pelo menos 9 estados (Senado Federal, 2017).*

[9] *As federações devem contar com um estatuto próprio, no qual devem constar regras de sanções e de fidelidade partidária para seus membros (TSE, 2023a).*

majoritárias e proporcionais[10], sob a condição de que a aliança seja mantida durante quatro anos. As eleições de 2022 foram as primeiras nesse modelo, e três federações foram formadas: Federação Brasil da Esperança (PT, PCdoB e PV), Federação PSDB-Cidadania e Federação PSOL-Rede.

A reforma de 2017, ao banir as coligações proporcionais a partir das eleições de 2020 – recurso eleitoral importante para os pequenos partidos elegerem candidatos e criarem um mínimo de desempenho para acesso a recursos estatais –, criou um efeito redutor sobre o número de partidos ao incentivar fusões[11] (Solidariedade e Pros em 2022) e incorporações partidárias[12] (como no caso do PHS e do Podemos em 2019 e do PSC com o Podemos em 2022).

Por fim, é importante diferenciar as fusões das incorporações. No primeiro caso, os partidos que optam por se fundir elaboram um estatuto e um programa em conjunto, que será adotado pela nova agremiação. No segundo caso, os membros do partido que será incorporado precisam aprovar a adoção do estatuto e do programa partidário do outro partido.

---

10 *Em razão da obrigatoriedade de permanecerem em um mesmo bloco durante todo o mandato, as federações tendem a ser formadas por partidos mais próximos ideologicamente (TSE, 2023a).*

11 *Fusões são uma constante na história partidária brasileira e na Nova República. Durante as últimas décadas, as elites partidárias nacionais também optaram por fundir legendas de modo a melhorar o desempenho eleitoral.*

12 *A absorção de um partido por outro não é um fenômeno recente na história partidária brasileira. Por exemplo, em 2006, o Partido Liberal (PL) acabou por incorporar o Partido de Reedificação da Ordem Nacional (Prona). No entanto, o volume das absorções cresceu a partir de 2019.*

6.3
A VISÃO DA LITERATURA ESPECIALIZADA SOBRE OS PARTIDOS POLÍTICOS BRASILEIROS

O atual sistema partidário brasileiro é interpretado com base em duas visões distintas. A primeira – e mais crítica – considera suas mazelas e, sobretudo, as dificuldades de construção de um sistema institucionalizado, muito por causa da fragilidade de seus partidos. A segunda argumenta que as dificuldades encontradas se referem à fase inicial do sistema, que ainda estava em reestruturação após o período de artificialidade, mas logrou formar um sistema estável, com partidos políticos disciplinados e coesos (Braga, 2006; Ferreira; Batista; Stabile, 2008).

6.3.1 A CRISE DOS PARTIDOS BRASILEIROS: *CATCH-ALL* E BAIXA IDENTIFICAÇÃO COM O ELEITORADO

O sistema partidário brasileiro em vigor é alvo de severas críticas desde sua formação e consolidação na década de 1980. A maioria delas diz respeito a alguns aspectos centrais de seu funcionamento, como a fragilidade das legendas, a baixa inserção social e a dificuldade de institucionalização dos partidos políticos e do sistema partidário como um todo.

No primeiro grupo, os argumentos giram em torno da falta de contato dos partidos com a população. As entidades partidárias brasileiras são, em sua maioria, descritas como *catch-all*, com baixos níveis de identificação partidária e guiadas mais por atitudes pragmáticas do que programáticas (Kinzo, 1993). Quanto a este último aspecto, cita-se que a dependência dos partidos em relação ao Estado[13], sobretudo em termos de recursos financeiros, distanciou as legendas de suas bases e fortaleceu a atuação governamental (Katz; Mair, 1995; Nicolau, 2010). No caso brasileiro, a situação se mostra mais crítica em comparação a outras nações, como a Alemanha, pois a dependência veio antes da consolidação do sistema (Nicolau, 2010; Van Biezen, 1998).

Ainda com relação à ideologia[14], a maioria das agremiações é de difícil classificação ideológica. As legendas buscam maximizar seus escopos eleitorais[15], ao direcionar suas mensagens a múltiplos grupos da sociedade – isso quando não formulam propostas genéricas, de modo a atingir o maior número de cidadãos, o que gera maiores dificuldades para a população diferenciar os partidos políticos e seus programas, além de acarretar baixos níveis de identificação partidária com as legendas[16], com exceção do PT[17] e de outros poucos casos

---

13 *A dependência dos partidos em relação ao Estado pode ser compreendida por meio do conceito de clientelismo estatal formulado por Souza (1976). Segundo a autora, a prática clientelista é uma forma de controle da máquina pública exercida pelos partidos, os quais se mostram enfraquecidos e utilizam os recursos estatais como uma maneira de se consolidarem como instituições ao mesmo tempo que se mostram alheios à participação nos assuntos dos governos e às pressões por parte da sociedade.*

14 *A ideologia pode ser classificada de diversas formas: a) pelo exame de documentos partidários, como manifestos e programas; b) pelo comportamento dos eleitos no Congresso; c) por sua composição social; d) pela opinião dos eleitores; e e) pela opinião de especialistas (Bolognesi; Ribeiro; Codato, 2023; Jorge; Faria; Silva, 2020).*

15 *Bolognesi, Ribeiro e Codato (2023) demonstram a variedade de estratégias por parte dos partidos brasileiros. Conforme os autores, algumas legendas apresentam comportamento programático (PSTU, PCB, PT, Rede, Novo, por exemplo), enquanto outras são guiadas pela busca de cargos (Cidadania, por exemplo).*

16 *De acordo com Braga e Pimentel Jr. (2011), os níveis de identificação partidária no Brasil não são tão baixos se comparados aos dos demais países.*

17 *À exceção do PT, os demais partidos brasileiros têm níveis baixíssimos de identificação partidária: a maioria não chega a atingir 2%.*

(Bolognesi; Ribeiro; Codato, 2023; Jorge; Faria; Silva, 2020; Kinzo, 1988, 1993; Tarouco, 2010; Tarouco; Madeira, 2013, 2015).

Muitos especialistas (Kinzo, 1993; Mainwaring, 1993; Mainwaring; Meneguello; Power, 2000; Mainwaring; Torcal, 2005; Mainwaring; Zoco, 2007) argumentam que outra dificuldade das agremiações nacionais reside em sua vida curta – a maioria, como já enfatizamos, não dura mais do que uma eleição. Isso, somado ao personalismo e aos processos eleitorais, amplia a oferta de partidos e, por consequência, aumenta a volatilidade dos votos e a fragmentação do sistema, desestimulando o voto partidário (Guarnieri, 2011; Samuels, 2004).

Ames (2003) e Mainwaring (2001) talvez sejam os maiores críticos do sistema partidário e dos partidos nacionais. Para ambos, o Brasil consiste em um caso de subdesenvolvimento partidário, em virtude da orientação *catch-all* de seus partidos e da altíssima fragmentação do sistema partidário – uma das mais altas do mundo –, a qual seria incentivada pela combinação de sistema eleitoral proporcional com voto em lista aberta, o que, segundo Mainwaring (2001), é uma aberração.

Ames (2003) também examina a questão legislativa. Conforme o autor, um dos problemas se encontra na quantidade de atores com poderes de veto – os chamados *veto players* –, os quais podem travar ou limitar questões legislativas e exigem mais gastos do Executivo nas negociações[18].

---

18 Limongi e Figueiredo (2017) discordam desse posicionamento. Para os autores, a visão negativa sobre o funcionamento do Legislativo coloca os partidos – e seus parlamentares – como agentes apenas interessados em obter recursos à custa do Executivo, o qual é retratado como uma espécie de vítima – e até mesmo refém – dos anseios clientelísticos do Parlamento. Segundo os autores, o presidencialismo de coalizão dispõe de mecanismos para evitar bloqueios de pauta (medida provisória, decretos, urgência, iniciativa exclusiva) e incentivar a cooperação entre o Executivo e o Legislativo por meio da participação dos líderes partidários.

A própria formação das coalizões governamentais é prejudicada pela existência de um elevado número de atores. O primeiro problema tem origem na própria necessidade de construção de alianças para poder governar, pois, com um alto número de partidos e representação atomizada, ocorre a impossibilidade de construção de coalizões menores, com menos de cinco legendas (Mainwaring, 2001). Em razão da necessidade de alianças, o custo de manutenção é maior, ocorrem perdas em relação a uma atuação programática e o foco se volta às atuações pragmáticas (Ames, 2003). Em si, Ames (2003) se debruça no exame da relação entre o Executivo e o Legislativo e em como esta é prejudicada pelo desenho institucional do sistema eleitoral brasileiro.

Ao adotar o sistema proporcional de lista aberta, o sistema político nacional criou incentivos para uma maior personalização da disputa eleitoral, bem como no interior do Parlamento, pois o sistema tende a gerar partidos fracos que se tornam reféns de suas lideranças ou de nomes importantes (Mainwaring, 2001). O maior efeito apresentado, segundo Ames (2003), refere-se à força das lideranças ante os partidos, ou seja, a negociação para aprovações de medidas ocorre por meio da ação individual dos líderes, e não pela ação da máquina partidária.

No entanto, podemos levantar certos questionamentos a respeito dos argumentos desses autores. Não que o sistema partidário brasileiro não tenha diversos aspectos problemáticos, mas tanto as análises de Ames (2003) quanto as de Mainwaring (2001) apresentam uma série de problemas metodológicos sobre o funcionamento dos partidos políticos brasileiros, o que afeta seus argumentos.

As principais críticas ao trabalho de Mainwaring (2001) podem ser resumidas em alguns pontos centrais, como a indefinição sobre o conceito de partido *catch-all* – o autor utiliza o conceito de modo vago e indiscriminado, por não definir exatamente o que a tipologia compreende, sendo utilizada para se referir tanto a um partido extremamente flexível quanto a um mais rígido. Outro aspecto problemático apresentado no trabalho desse autor se encontra na indefinição da unidade de análise: Ela se refere ao sistema partidário como um todo ou aos partidos políticos? (Peres, 2009; Tarouco, 2010).

> O partido *catch-all* consiste no desenvolvimento dos partidos de massas. Em razão das mudanças socioeconômicas pelas quais passou a sociedade europeia, os partidos políticos necessitaram se adaptar. Em primeiro lugar, em virtude da fluidez ideológica da própria sociedade, em que as clivagens sociais não se encontram tão definidas; em segundo lugar, por causa dos altos custos das campanhas eleitorais. Como resultado, as agremiações destinam seu discurso para grupos cada vez maiores, e não somente para seu antigo público-alvo, tornando-se mais permeáveis aos grupos de pressão (Kirchheimer, 1966).

Outro argumento recorrente sobre os partidos políticos brasileiros e seu sistema partidário diz respeito à sua institucionalização precária – ou inexistente. A institucionalização, *grosso modo*, é compreendida como a estabilização dos partidos e de sua competição, quando esta se torna estável e de fácil predição (Panebianco, 2005). Como consequência de sua alta fragmentação e volatilidade, o Brasil não tem incentivos para a construção de padrões de competição estáveis. Além disso, a alta rotatividade e o contínuo desaparecimento de partidos, somados ao seu baixo enraizamento social, causam dificuldades para a opinião pública identificá-los e diferenciá-los (Mainwaring, 2001). De acordo com Mainwaring e Scully (1995), o sistema partidário se enquadra na definição de um sistema fluido, em que não há estabilidade na competição e os partidos não passam de frágeis máquinas eleitorais. Em publicações posteriores, Mainwaring (2016, 2018) argumenta que o sistema partidário brasileiro se encontrava em crescente institucionalização[19], sobretudo pelo crescimento da estabilidade da competição e dos competidores nas eleições do país.

A organização dos partidos nacionais também é alvo de críticas. Freidenberg e Levitsky (2007) defendem que a estrutura organizacional da maioria dos partidos latino-americanos é dominada por organizações informais, as quais não seguem os estatutos, e sim os objetivos de algumas lideranças. Guimarães, Rodrigues e Braga (2019) apontam que os estatutos partidários têm mecanismos que viabilizam a oligarquização partidária. Entre os elementos destacados pelos autores estão as eleições indiretas para cargos de direção, a possibilidade de reeleição dos dirigentes, as intervenções de órgãos partidários hierarquicamente superiores sobre os inferiores, a acomodação de lideranças tradicionais, órgãos com competências pouco delimitadas, entre outros.

> Entre os estudos que utilizam o conceito de institucionalização para explicar as máquinas partidárias, o trabalho de Panebianco (2005) se mostra o mais completo. O autor considera a institucionalização como um indicador da consolidação da organização partidária, na qual ela adquire valor em si mesma: "A institucionalização é efetivamente o processo por meio do qual a organização incorpora valores e objetivos dos fundadores do partido" (Panebianco, 2005, p. 100).
>
> Segundo o autor, a institucionalização é um estágio do desenvolvimento partidário pelo qual todos os partidos devem passar ao distribuir incentivos[20] para seus membros, de forma a assegurar a continuidade do partido. Ou seja, a institucionalização garante não apenas a estabilidade organizativa, mas, principalmente, a continuidade da agremiação.

---

19 *Na década de 2010, Scott Mainwaring revisitou o conceito de institucionalização elaborado por ele e Timothy Scully em 1995. A nova versão do conceito restringe-o à questão da estabilidade (da competição, dos concorrentes e da ideologia).*

20 *Panebianco (2005) compreende a institucionalização como a etapa na qual, como forma de manutenção da organização, os partidos começam a distribuir incentivos seletivos (cargos, bens materiais etc.), e não somente coletivos (ideologia).*

> A institucionalização, para Panebianco (2005), envolve o processo de rotina da organização, ao mesmo tempo que ela distribui incentivos e estabiliza seus processos. Assim, a legenda se torna pouco afeita a mudanças e objetiva controlar as ações do ambiente sobre ela – precisamente as ações nas arenas eleitoral e legislativa –, de modo a garantir estabilidade como organização e trocas de incentivos com o ambiente e seus filiados.
>
> A força da institucionalização está ligada à relação de trocas estabelecidas com o ambiente. Nesse sentido, uma institucionalização forte controla as trocas com o ambiente e, portanto, pouco se adapta a ele. Isso significa que ela tem uma estrutura rígida, com fronteiras bem delimitadas, regras estáveis etc. Nessa esteira, o autor traça um paralelo entre a rigidez da organização e sua força. Entretanto, Panebianco (2005) ignora a capacidade de adaptação dos partidos às mudanças do ambiente e de conjuntura, mas tais alterações podem gerar uma relação ambígua, na qual o partido mais forte é, ao mesmo tempo, o que menos tem capacidade de responder aos problemas que lhe são apresentados.

6.3.2 A ESTABILIZAÇÃO DO SISTEMA PARTIDÁRIO NACIONAL

Em resposta aos brasilianistas, outros autores argumentam que a relação entre o Executivo e o Legislativo demonstra equilíbrio com as legendas brasileiras dotadas de altos índices de coesão e disciplina no Parlamento (Figueiredo; Limongi, 1999). Abranches (1988) indica que a existência de amplas coalizões e do multipartidarismo está relacionada à diversidade nacional, em que os governos têm de equilibrar e acomodar os mais variados interesses presentes na sociedade privada. Conforme o autor, essa variação do presidencialismo, denominada *presidencialismo de coalizão*, funciona em razão de sua pluralidade e da representação dos interesses da sociedade.

Os autores que abordaram a estabilização do sistema na década de 1990, contudo, trataram basicamente da atuação dos partidos no Legislativo e deram pouca atenção para as demais esferas. Ferreira, Batista e Stabile (2008) e Tarouco (2010) corrigem esse problema ao analisarem o processo de institucionalização dos partidos nacionais com foco na estabilização da competição e, principalmente, na longevidade dos principais atores.

Segundo Tarouco (2010), a baixa institucionalização do sistema era resultado do processo de reordenamento das forças políticas brasileiras durante a década de 1980 e começo da década de 1990. Após esse período marcado pela alta volatilidade e pelo contínuo surgimento de partidos, o sistema se estabilizou em torno de algumas legendas, e a competição passou a ter maior previsibilidade dos resultados. Ferreira, Batista e Stabile (2008) seguem a mesma linha, ao argumentar que, após a instabilidade inicial, o sistema partidário se estruturou em torno das maiores legendas, as quais apresentam longevidade, como o Partido da Social Democracia Brasileira (PSDB) – a mais nova das grandes agremiações, fundada em 1988.

O reordenamento das forças produziu um novo cenário, com a ampliação do número de ofertas partidárias, que chegaram a mais de 40 partidos na década de 1980. A criação de legendas foi incentivada pela legislação vigente até 1995, a qual permitia que partidos com registro provisório participassem do processo eleitoral (Nicolau, 1996; Ferreira; Batista; Stabile, 2008). Após esse período, a quantidade de partidos se estabilizou, com uma média de 29 partidos nas eleições até 2006 (Ferreira; Batista; Stabile, 2008).

> No início da década de 2020, existiam no Brasil cerca de 30 partidos organizados e mais 60 legendas em busca de registro eleitoral. Apesar desse alto número, o país não é o que mais tem legendas partidárias no mundo. A Argentina soma mais de 600 partidos, a maioria formada por siglas regionais. Os Estados Unidos e o Reino Unido também contam com mais de 100 partidos – uma parte significativa deles formada por pequenas agremiações. Em outro extremo, o Uruguai tem apenas quatro partidos políticos organizados.

Ribeiro (2013a, 2013b) contribui para o debate ao argumentar que o sistema partidário brasileiro, apesar de suas dificuldades e problemas, conseguiu se estabilizar e organizar a arena política e eleitoral. Com relação à fragilidade das organizações, o autor menciona que as máquinas partidárias apresentam e utilizam mecanismos de controle sobre seus membros e instâncias, como a destituição de cargos e diretórios. Ainda na esteira dos argumentos sobre a fraqueza dos partidos nacionais, o afastamento em relação à sociedade é relativizado, pois, em razão do desenvolvimento dos partidos políticos, estes passam a se dedicar mais às funções governamentais do que às sociais.

Em resumo, na visão de Ribeiro (2013a, 2013b), os partidos políticos brasileiros, em que pesem as dificuldades, conseguiram se institucionalizar e, no caso do PT, atingir altos níveis de identificação partidária. O sistema também mostrou sinais de competição: se não está cristalizado, como acontece em muitos países da Europa Ocidental, encontra-se em uma situação em que as maiores legendas conseguem estruturar a competição e o conflito político.

6.3.3 Crise política e alterações no quadro partidário nacional

Para melhor compreender a crise política que atravessou boa parte da década de 2010 e acabou por promover e acelerar mudanças no quadro partidário nacional, é preciso discutir, mesmo que brevemente, as Jornadas de Junho de 2013e, para entender o que desencadeou os massivos protestos, é necessário retornar à década de 2000. A década de 2000 foi marcada por algumas crises que influenciaram a política nacional e internacional. No âmbito interno, ocorreu o escândalo do mensalão, o qual aumentou o protagonismo do Judiciário, que, naquele momento, foi alçado à figura de "salvador da pátria", isto é, um elemento externo que iria "limpar" a política nacional. Essa visão se fortaleceu durante a Operação Lava Jato.

No âmbito externo, houve os impactos da crise econômica de 2008, a qual levou a inúmeros protestos contra medidas de austeridade implementadas pelas nações. Entre os vários casos, destacamos o *Occupy Wall Street*, nos Estados Unidos; os Indignados, na Espanha; e as várias Primaveras Árabes. Como efeitos desses protestos, podemos citar a manutenção do *status quo*, a ascensão conservadora e, também, o surgimento de novos partidos de esquerda, como o Podemos Espanhol.

Nesse sentido, as Jornadas de Junho de 2013[21] estão inseridas em um movimento mundial de protestos contra a forma como a política era realizada. Alonso (2023) e Pinheiro-Machado (2019) argumentam que é um equívoco reduzir o acontecimento a protestos vazios, pois múltiplos temas – melhorias das políticas públicas, pautas morais, pautas de segurança pública, entre outras – foram objeto de reivindicação nas ruas. Alonso (2023) também defende que as Jornadas não foram unidimensionais, ou seja, não é possível encontrar uma única causa para sua eclosão, mas um conjunto de causas que levaram as pessoas às ruas.

A grande novidade[22] dos protestos foi a mobilização digital[23] (Pinheiro-Machado, 2019; Santos, 2017). Inspiradas nas Primaveras, as Jornadas contaram com forte mobilização pelas redes sociais, em especial o Facebook. O impacto das redes sociais e da internet

---

21 *Nobre (2022) retrata as manifestações de junho de 2013 como um movimento em busca de mudanças sociais, as quais foram freadas pelo sistema político, o que abriu espaço para a emergência da extrema direita.*

22 *Segundo Santos (2017), as manifestações também foram marcadas pela forte repressão policial e pela presença de "grupos micróbios", isto é, grupos que focam somente a destruição.*

23 *Para Nobre (2022), outro efeito das Jornadas de Junho foi a perda de protagonismo dos partidos e da mídia tradicional e o crescimento da extrema direita em um ambiente de democracia digital.*

(com destaque para o WhatsApp) foi sentido de modo mais forte nos pleitos de 2018 e 2022.

O ano de 2013 marcou o reaparecimento do conservadorismo como força política brasileira (Pinheiro-Machado, 2019; Santos, 2017). Não que os conservadores estivessem ausentes da política nacional, mas existia uma dificuldade, principalmente após a ditadura civil-militar, de se assumirem como tal. As transformações dos protestos acabaram por refletir a disputa entre setores da direita e da esquerda. Nesse caso, a direita – mais precisamente a direita radicalizada – saiu como grande vencedora, pois, como bem pontua Pinheiro-Machado (2019), ela conseguiu ler melhor os protestos e capitalizar em cima do descontentamento da população com a classe política.

Como herança das Jornadas, houve o aparecimento de grupos radicais de direita, como Movimento Brasil Livre(MBL) e o Vem pra Rua, entre outros, que logo adentrariam em legendas de direita do país e influenciariam o processo de queda de Dilma Rousseff em 2016, fato que teve influência nas mudanças ocorridas nos partidos e no sistema partidário nacional.

A deposição de Dilma Rousseff em 2016 acabou por modificar o quadro partidário brasileiro ao oferecer oportunidades para novas legendas, em virtude do impacto que o processo e suas consequências tiveram sobre os principais partidos brasileiros.

A queda de Dilma suscitou – e ainda hoje suscita – debates, em que alguns autores (Miguel, 2019; Santos, 2017) consideram o processo como golpe parlamentar[24], enquanto outros (Nunes; Melo, 2017)

---

24 *Santos (2017) defende que o processo de deposição de Dilma Rousseff se constituiu em um golpe parlamentar, no qual forças conservadoras decidiram depor a presidente por vias não eleitorais. Para o autor, a eficácia de um golpe parlamentar depende do interesse e da atuação de uma série de atores, entre os quais estão elites, elites políticas, mídia, Judiciário e setores da população. Ainda conforme Santos (2017), um dos motivadores do golpe parlamentar foi o descontentamento da elite conservadora brasileira em relação às políticas distributivas do governo petista.*

argumentam que a deposição não pode ser vista como um golpe, pois seguiu os ritos legais[25].

> O conceito de golpe de Estado comporta uma grande variedade de tipos e interpretações no decorrer da história (Sharp; Jenkins, 2017). A primeira formulação ocorreu no século XVII por Gabriel Naudè, para quem se tratava de medidas excepcionais tomadas pelo monarca com o objetivo de promover o bem-estar geral (Bianchi, 2019). Bianchi (2019) argumenta que, com o tempo, o conceito evoluiu de modo a incluir outras formas de conquista do poder que não envolvam apenas a ação dos governantes para manter e/ou conquistar poder, como no caso de golpes militares – ou patrocinados por eles –, que ocorreram, em sua maioria, no século passado.
>
> Nos últimos anos, cresceu a necessidade de ampliar – ou rever – o conceito de golpe de Estado em virtude da atuação de outros grupos, como o Judiciário e o Parlamento, no enfraquecimento e em derrubadas de governo.
>
> *Impeachments* consistem em deposições de presidentes por meio de processos constitucionais julgados pelo Poder Legislativo. As motivações para a abertura de *impeachments* variam de país para país e também de acordo com a disposição do Parlamento em derrubar os presidentes. Segundo Pérez-Liñán (2007, 2018) e Hochstetler (2006), as principais motivações são perda de apoio popular, acompanhada de protestos massivos da população contra corrupção e/ou crise econômica, e perda de apoio legislativo. Esses fatores podem levar o Parlamento a abrir o processo, mesmo com motivações criativas a respeito dos crimes de responsabilidade praticados pelo chefe do Executivo.

A queda de Rousseff acabou por chacoalhar o quadro partidário nacional, pois levou o PT à defensiva nos anos seguintes para garantir

---

25 *De acordo com Limongi (2023), a deposição de Dilma foi causada por fatores externos que levaram à implosão da coalizão governista. Para o autor, os escândalos de corrupção e as manifestações de rua tiveram impacto no agravamento da crise, mas o fator determinante foi a reação da classe política à Operação Lava Jato. Limongi (2023) expõe que a decisão de romper a coalizão se deu pela incapacidade de Rousseff de frear as investigações sobre a classe política. Os fatores externos também explicam a decisão dos partidos de oposição em construir uma nova coalizão, pois, segundo o autor, a oposição não consegue, por si só, depor um presidente.*

sua sobrevivência e a uma espécie de vitória de Pirro do PMDB e do PSDB, pois esses dois partidos, ao garantirem a deposição de Dilma, passaram da condição de pedra à de vidraça em razão do impopular governo Temer e dos escândalos de corrupção que atingiram ambas as agremiações. No caso tucano, o efeito acabou por reduzir seu protagonismo eleitoral e abriu espaço para a legenda ser engolida pela extrema direita nas eleições de 2018, assim como abriu mais as portas do partido para radicais de direita em seu interior.

Como consequência da crise dos partidos tradicionais, outras legendas cresceram e começaram a rivalizar com eles, como o Republicanos e, inicialmente de forma surpreendente, o Partido Social Liberal (PSL). O primeiro foi alavancado pela ligação com a Igreja Universal e pelo crescente eleitorado evangélico. O segundo, um clássico partido fisiológico, conseguiu aproveitar a onda antipolítica ao alugar seu espaço para grupos de extrema direita que visavam viabilizar a candidatura presidencial de Jair Bolsonaro em 2018.

Na esquerda, o PT conseguiu manter seu protagonismo e, como veremos na seção sobre eleições, ele o fez em seu campo e nacionalmente, ao eleger a maior bancada em 2018 (ao lado do PSL) e a segunda maior em 2022, além de ganhar as eleições presidenciais daquele ano. O Partido Socialismo e Liberdade (PSOL) conseguiu crescer, porém sem ameaçar a hegemonia petista.

6.3.4 Mudanças de nomes dos partidos brasileiros: uma nova moda

Outro efeito da crise política foi a mudança de nomes dos partidos nacionais. Em busca de melhor desempenho eleitoral, diminuição de danos ou até mesmo simplificação da marca, vários partidos políticos nacionais alteraram suas alcunhas. Os novos nomes, em sua maioria, assemelham-se a *slogans* publicitários, movimentos e/ou gritos de guerra (Mayer, 2022).

Quadro 6.1 – Mudança de nomes dos partidos brasileiros (2017-2023)[26]

Nome atual[27]	Nome antigo*	Data de alteração
Agir	PTC	2022
Avante	PTdoB	2017
Cidadania	PPS	2019
Democracia Cristã	PSDC	2018
MDB	PMDB	2017
Patriota	PEN	2018
PL	PR	2019
Podemos	PTN	2017
Progressistas	PP	2018
Republicanos	PRB	2019

Fonte: Elaboração do autor com base em Mayer, 2022; TSE, 2023b.
* Confira a lista de siglas partidárias ao fim do livro.

Nem sempre a inspiração vem do mesmo campo ideológico, como no caso do Podemos brasileiro. O antigo Partido Trabalhista Nacional (PTN) adotou a mesma denominação de um partido de esquerda espanhol surgido como resultado das manifestações dos Indignados[28] na Espanha. O homônimo brasileiro argumenta que a inspiração não

---

26 Trocas de nomes são comuns na história partidária brasileira. Neste livro, optamos por analisar as trocas de nomes ocorridas a partir da metade final da década de 2010, quando os partidos passaram a buscar nomes que evocassem slogans.
27 O Partido da Mulher Brasileira (PMB) tentou, em 2022, alterar seu nome para Brasile, após a negativa, para Por Mais Brasil e Partido Brasil, que também foram negados.
28 Os Indignados, ou Movimento 15-M, foram uma série de protestos ocorridos na Espanha em 2011, em que os cidadãos pressionaram por mudanças políticas e sociais e contra os partidos políticos do país, que, segundo eles, não representavam mais a população.

foi a legenda espanhola, mas o *slogan* da campanha presidencial de Barack Obama em 2008: *"Yes, we can"* (Sim, nós podemos) (Mayer, 2022).

Outros partidos optaram por alterar seus nomes como forma relançar a marca e, mais precisamente, como uma tentativa de atrair mais quadros e sair da condição de partidos nanicos. Esse é o caso do Agir[29] (ex-PTC), do Avante (ex-PTdoB), do Cidadania (ex-PPS) e do Patriota (antigo PEN).

Com relação às simplificações, houve a alteração do Partido Social Democrata Cristão (PSDC), que mudou para *Democracia Cristã*; do Partido Progressista (PP)[30], que virou *Progressistas*; e do Partido Republicano Brasileiro (PRB), que se transformou em *Republicanos*. Além disso, alguns partidos retornaram a antigos nomes, como o PL (antigo PR) e o MDB[31] (ex-PMDB)– este último alterou sua denominação numa tentativa de diminuir o desgaste da legenda. É o mesmo caso da troca do PPS para *Cidadania* em 2019 (Mayer, 2022).

Por fim, é importante comentarmos as mudanças de nome do antigo PFL. O PFL foi fundado em 1985 como uma dissidência do PDS e, nos primeiros governos pós-redemocratização, ocupou um espaço relevante na coligação governista. Em 2007, depois de ficar praticamente 5 anos longe do poder na esfera federal, a legenda decidiu mudar de nome para *Democratas* (DEM), de modo a se refundar. Em

---

29 *Mudar de nome não é novo para o Agir. O partido foi fundado em 1985 como* Partido da Juventude *e, em 1989, alterou sua alcunha para* Partido da Reconstrução Nacional (PRN), *elegendo Fernando Collor de Mello presidente da República. Em 2000, o partido alterou novamente seu nome para* Partido Trabalhista Cristão *(PTC) e, em 2022, passou a se chamar* Agir *(TSE, 2022).*

30 *Não foi a primeira mudança de nome do partido, que, além de PP, já foi identificado pela sigla PDS (Partido Democrático Social).*

31 *A mudança para MDB também foi uma tentativa de diminuir os estragos causados à imagem da legenda em razão dos escândalos de corrupção (Mayer, 2022).*

2021/2022, o partido optou pela fusão com o PSL e a criação do União Brasil, com o objetivo de formar um dos maiores partidos brasileiros.

A constante mudança de nome dos partidos brasileiros aponta para as dificuldades que muitos deles têm em construir laços com a sociedade ou com segmentos dela. A opção pela mudança envolve poucos custos para a maioria das agremiações e traz uma perspectiva de ganho eleitoral.

6.4
Principais partidos do período

A Nova República foi marcada pelo grande número de partidos criados e extintos. Mais do que a quantidade geral de partidos, cabe ressaltar que o país conta com um grande número de partidos relevantes, entre os quais destacamos:

- **Partido Comunista do Brasil (PCdoB)** – É fruto de uma cisão ocorrida no Partido Comunista Brasileiro (PCB) em 1962, em decorrência da reação de alas do partido em torno do XX Congresso do Partido Comunista da União Soviética, em 1956. A ala governista apoiou o Relatório Kruschev, enquanto outra ala – que seria expulsa da legenda – manteve apoio ao stalinismo. Durante a ditadura civil-militar, o partido organizou guerrilhas camponesas, que foram reprimidas até 1975, quando se deu o fim da luta armada. A partir de 1976, a direção do partido passou a atuar no exterior, até a redemocratização. Ideologicamente, o partido se situa na esquerda e tem forte presença no movimento sindical e estudantil.
- **Partido Democrático Trabalhista (PDT)** – Foi fundado em 1980 após uma disputa entre Leonel Brizola e Ivete Vargas pela herança

do antigo PTB. Após a perda de seu antigo partido político, Brizola e outros membros oriundos do trabalhismo clássico – sobretudo de setores mais à esquerda e programáticos – fundaram a legenda. A princípio, o PDT constituiu a principal força de esquerda do país, contudo, com o crescimento do PT no fim dos anos 1980 e a entrada de membros dotados de posicionamentos ideológicos distantes do trabalhismo clássico – e até de setores conservadores e liberais –, a agremiação perdeu força.
- **Partido Liberal (PL)** – Foi fundado em 1985 durante o período de reestruturação do sistema partidário brasileiro. Em 2006, o partido se fundiu com o Prona, dando origem ao Partido da República (PR), nome que adotou até 2019, quando voltou a se chamar *Partido Liberal*. O partido defende pautas ligadas ao liberalismo econômico e ao conservadorismo social. Em 2021, o partido abrigou o grupo do então presidente Jair Bolsonaro. A adesão do bolsonarismo à legenda foi um grande trunfo eleitoral, com o partido elegendo a maior bancada para a Câmara dos Deputados em 2022. No entanto, a convivência com os apoiadores do ex-presidente não tem sido harmônica, pois o partido, assim como a maioria das legendas brasileiras, tem no governismo uma de suas principais fontes de sobrevivência, e uma forte atuação na oposição pode prejudicar a relação de alguns deputados mais ligados ao Centrão com suas bases eleitorais.
- **Progressistas (PP)** – Herdeira direta da antiga Arena, essa legenda atravessou uma série de mudanças em sua denominação (PDS, PPB) e passou por uma série de fusões e incorporações no decorrer de sua história. Apesar de ser um dos partidos com maior penetração territorial e de estar entre os cinco maiores em número de filiados, a legenda não passou de uma força média na arena política nacional, com foco na conquista de cargos por meio

da participação nas coalizões governamentais e no ganho de prefeituras.

- **Partido Socialista Brasileiro (PSB)** – Os socialistas compõem uma das poucas legendas que sobreviveram à sucessão de regimes no país. Fundado ainda na década de 1940 (precisamente, em 1947), o PSB retomou suas atividades na década de 1980 e, diferentemente do período anterior, tornou-se uma força relevante no cenário político nacional, com presença marcante no Nordeste brasileiro.
- **Partido Social Democrático (PSD)** – Formado em 2011, seu surgimento se encontra relacionado à estratégia de sobrevivência política de membros do DEM capitaneada pelo ex-prefeito de São Paulo, Gilberto Kassab. Seus membros buscavam uma maior aproximação com o governo federal, visto que isso não era possível na antiga agremiação, por causa do distanciamento ideológico e histórico entre os democratas e o PT. O PSD se constituiu em um autêntico partido *catch-all*, em razão de sua proposital indefinição ideológica.
- **Partido Socialismo e Liberdade (PSOL)** – Partido de esquerda, com alguns grupos revolucionários entre suas fileiras, foi fundado em 2005 como uma dissidência do PT, mais precisamente por parlamentares descontentes com os rumos do partido no governo e com a reforma da previdência do primeiro governo Lula (2003-2006). Entre suas pautas estão a defesa das minorias, a igualdade de gênero, a defesa do meio ambiente e a maior atuação do Estado na economia. Em termos eleitorais, até 2012, o desempenho era restrito a eleições de deputados estaduais e federais, senadores e vereadores. No pleito daquele ano, a agremiação elegeu seu primeiro prefeito e o primeiro prefeito de uma capital.

- **Partido Verde (PV)**– Fundado com a expansão partidária na década de 1980, foi influenciado pelos primeiros partidos verdes que sugiram na Europa na mesma década. Embora compartilhem do mesmo nome, as legendas são bem diferentes: os verdes europeus se encontram mais à esquerda no espectro ideológico, enquanto o partido brasileiro se situa mais ao centro.
- **Podemos** – É o novo nome do Partido Trabalhista Nacional (PTN). O PTN foi fundado em 1946 por Dorival de Abreu e teve como destaque a eleição de Jânio Quadros para governador de São Paulo em 1954 e para presidente da República em 1960. O partido foi extinto com os demais do período em 1965 e retornou em 1995, permanecendo sob o domínio da família Abreu. Em 2017, como estratégia para seu crescimento, o PTN alterou seu nome para *Podemos*. Entre suas pautas está a defesa do liberalismo econômico e do conservadorismo. Em seu interior, o partido comporta quadros que vão da centro-direita até a extrema direita.
- **Republicanos** – Partido de direita, foi fundado por pastores da Igreja Universal do Reino de Deus em 2005 com o nome de *Partido Municipalista Renovador* (PMR). Em 2006, alterou seu nome para *Partido Republicano Brasileiro* (PRB), denominação que adotou até 2019, quando passou a se chamar *Republicanos*. Apesar de não se assumir como partido religioso, a legenda tem ligações estreitas com a Igreja Universal (Dip, 2019). A legenda tem como principais pautas o conservadorismo moral e o liberalismo econômico.
- **União Brasil (União)** – É um partido de direita, fruto da fusão entre o DEM e o PSL ocorrida em 2022.
- **Democratas (DEM)** – O DEM foi a nova identidade do antigo Partido da Frente Liberal (PFL). Sua origem está relacionada ao processo de transição para a democracia, mais precisamente ao conflito entre elementos da base do governo durante a seleção do

candidato governista à sucessão do general Figueiredo (Tarouco, 1999). Enquanto uma parte defendia a candidatura do antigo governador de São Paulo, Paulo Maluf, outra parte apoiou a candidatura do então vice-presidente Aureliano Chaves. Após o processo de seleção e a vitória de Maluf, a ala derrotada optou por construir uma nova legenda e auxiliou na viabilização – e na vitória – da candidatura de Tancredo Neves à presidência. No decorrer de sua história, o DEM/PFL se constituiu como partido no governo e angariou membros em virtude dessa atuação. Com a eleição de Luiz Inácio Lula da Silva à presidência em 2002, a legenda perdeu força e precisou se reinventar com a troca de nome para *Democratas*, em 2007. A agremiação se identificava com ideais mais à direita no espectro ideológico (Tarouco, 1999).

O PSL[32] (Partido Social Liberal) foi fundado em 1994 (porém, só obteve seu registro definitivo em 1998) por Luciano Bivar, o qual foi presidente da agremiação por quase toda a sua história. Ao longo de sua trajetória, o partido foi um pequeno partido de direita fisiológico e de aluguel, com pouco destaque em boa parte de seu percurso. Entre os aluguéis que a legenda firmou, dois se destacam. O primeiro foi para o Livres[33], uma dissidência do MBL, em 2016, o que durou até 2018[34], quando o partido se filiou ao então deputado federal e presidenciável Jair Bolsonaro (Dias; Mayer, 2021). A aliança com Bolsonaro e seu grupo levou a legenda para a extrema direita, ao mesmo tempo que possibilitou

---

32 É importante não confundir com o PSL que disputou as eleições de 1990. O Partido do Solidarismo Libertador (PSL) foi mais um partido relâmpago do período de reordenação do sistema partidário brasileiro (Dias; Mayer, 2021).

33 O aluguel para o Livres também foi uma espécie de empreendimento em família, pois foi liderado por Sérgio Bivar, filho de Luciano Bivar.

34 O PSL, em 2017, entrou com pedido para alteração de sua denominação para Livres.

seu crescimento, pois o bolsonarismo conseguiu capitalizar em cima do descontentamento da população e contra os partidos tradicionais. Após a vitória na eleição presidencial e a eleição da maior bancada na Câmara dos Deputados (igualada com o PT), o relacionamento entre o bolsonarismo e o grupo liderado por Bivar entrou em crise, pois o grupo do ex-presidente buscava o controle da sigla (Dias; Mayer, 2021). A disputa entre ambos levou ao rompimento da aliança em 2019[35] e à fusão com o Democratas (aprovada em 2021 pelos partidos), com o objetivo de constituir um dos maiores partidos nacionais.

- **Pequenos partidos de direita** – O país conta com uma grande quantidade de partidos de direita, os quais vão de alguns programáticos até a maioria de fisiológicos. Entre os programáticos, destacamos o Novo, o qual defende o neoliberalismo e apresentou como novidade a presença aberta de empresários em seu interior (Mayer, 2019). O Patriota é outro partido não fisiológico, pois optou por radicalizar seu discurso em busca de atrair quadros da extrema direita nacional (Bolognesi; Ribeiro; Codato, 2023). O PTB também merece destaque. Quando de sua refundação em 1980, o partido buscou equilibrar quadros programáticos com fisiológicos. O final da década de 2010 trouxe uma nova dinâmica para a organização, com o convívio de fisiológicos e radicais de direita em seu interior. Outros partidos de direita, como o Agir, o Avante e o PMB, não apresentam grandes distinções programáticas, com ênfase na ocupação de cargos e disputas eleitorais.
- **Pequenos partidos de esquerda**– Na esquerda existe o domínio de partidos com forte orientação ideológica, como o Partido

---

35 *Bolsonaro e seu grupo tentaram, sem sucesso, a criação de um novo partido: Aliança pelo Brasil.*

Socialista dos Trabalhadores Unificados (PSTU), o Partido da Causa Operária (PCO) e o já citado PCB. Os dois primeiros se configuram como cisões do PT e estão na extrema esquerda do espectro ideológico, enquanto o PCB é um dos partidos mais antigos do país em funcionamento[36]. Ainda com relação aos pequenos partidos de esquerda, podemos citar o Cidadania (antigo PPS), legenda que surgiu como uma estratégia da direção do PCB de reposicionar o partido no cenário nacional por meio da extinção da tradicional legenda e da fundação de uma nova, mais moderada, porém sem grande definição ideológica (Bolognesi; Ribeiro; Codato, 2023). Além desses partidos, a Rede Sustentabilidade também apresenta destaque no campo. Criado por Marina Silva e seu grupo, tem na defesa das pautas ambientais sua principal bandeira.

Apesar da existência de todos esses partidos, o sistema partidário do Brasil, nas últimas décadas, girou em torno de somente três: (P)MDB, PSDB e PT. Embora o país tenha um número alto de partidos com a obrigatoriedade de se constituírem nacionalmente, poucos deles são nacionais de verdade – a maioria opta por fortalecer a atuação apenas em algumas regiões. Entretanto, os três acabaram por estruturar a política nacional.

Como já mencionado, o PMDB é a continuidade do MDB formado durante a ditadura civil-militar. O MDB não sofreu desgaste como a Arena e optou, então, por acrescentar apenas a letra *pê* em sua sigla – visto que as agremiações, até meados da década de 2000, eram obrigadas a se chamarem *partidos* –, o que manteve a aproximação

---

36 Em 1992, membros da direção do partido, em uma tentativa de revitalização, transformaram o antigo partido no Partido Popular Socialista (PPS). Em 1993, um grupo descontente com a decisão decidiu refundar o partido, cujo novo registro foi oficializado em 1996.

com seus antigos eleitores. Essa estratégia se mostrou certeira e a legenda passou a ter uma posição privilegiada no cenário nacional[37] (Kinzo, 1988).

Mesmo com a redemocratização e o realinhamento das elites políticas em múltiplos partidos, a legenda manteve seu aspecto de "guarda-chuva", com a presença de diversos caciques locais e de grupos ideologicamente opostos dentro da organização, ou seja, o partido apresenta divisões internas. Essa estratégia, mais do que um projeto ambicioso, visa manter a força do partido no cenário nacional.

Com relação ao desempenho eleitoral, o partido se apresentou por muito tempo como uma das principais forças do país, com bom desempenho nas eleições parlamentares e locais e presença marcante tanto nos centros urbanos quanto nos espaços rurais, principalmente por estar localizado em praticamente todos os municípios do país. Sua capacidade de estar em quase todos os cantos do país é sua principal força eleitoral. No entanto, a liderança do processo de deposição de Rousseff em 2016 e a impopularidade – e os escândalos – do governo Temer cobraram um forte preço eleitoral para o partido, do qual ele ainda não se recuperou.

Já o PSDB surgiu de uma cisão da ala mais à esquerda do PMDB durante os trabalhos da Assembleia Constituinte em 1988 (Marques; Fleischer, 1999). No começo, a justificativa para seu surgimento acompanhou a degradação da legenda matriz, que, segundo alguns de seus membros, estava recheada de fisiologismo e alianças com setores conservadores (Mayer, 2011; Roma, 2002). Outro argumento muito utilizado para explicar o surgimento desse partido é que sua

---

37 *Nobre (2013) criou o conceito de* pemedebismo *para se referir ao comportamento político dos partidos brasileiros. Segundo o autor, as agremiações nacionais se guiam pela busca de fazer parte dos governos, pelo foco na formação de grandes bancadas no Legislativo, pelo bloqueio de novos competidores e pela busca de evitar conflitos.*

criação ocorreu em virtude dos debates sobre o parlamentarismo na Assembleia Constituinte, em que a ala parlamentarista, em desacordo com a direção partidária, optou por formar uma nova agremiação (Roma, 2002). Por fim, também há quem mencione que a legenda não surgiu somente por questões programáticas, mas com base em um cálculo pragmático de algumas de suas lideranças, que tinham capital político, mas pouco espaço no PMDB (Mayer, 2011; Roma, 2002).

O precoce sucesso eleitoral do partido, simbolizado pela vitória de Fernando Henrique Cardoso nas eleições presidenciais de 1994 e 1998, alterou a dinâmica interna tucana, pois, para aumentar a força e o poder de penetração eleitoral, a legenda buscou nomes que se distanciavam de sua ideologia originária, fato que provocou mudanças no interior do partido: os tucanos foram da centro-esquerda para a centro-direita do espectro ideológico (Mayer, 2011, 2017, 2019). Por causa de sua estratégia de expansão e do fato de ocupar o governo federal em uma etapa muito recente de sua vida, o PSDB alterou seu programa e seu foco de atuação para dar conta de questões mais conservadoras e ligadas ao mercado, posicionando-se na centro-direita (Mayer, 2017).

Em 2010, o partido apostou na radicalização em torno de temas morais e casos de corrupção (Miguel, 2018). Nas eleições de 2014, o partido buscou a direita radical para auxiliar em sua campanha e, posteriormente, no questionamento da legitimidade das eleições (Limongi, 2023). O extremismo não ficou restrito apenas a questões de agenda – principalmente de valores –, estendendo-se também a uma maior permissividade em relação à entrada de radicais no partido, o que, por fim, levou a legenda a ser tragada pela onda extremista de 2018, tornando-se o próprio partido um dos mais fiéis ao governo (mesmo não participando oficialmente dele).

Por sua vez, quanto ao PT, Meneguello (1989) argumenta que a formação dessa legenda foi uma novidade no cenário político, pois se constituiu no primeiro partido de massas na história brasileira (e um dos primeiros da América Latina), em razão de sua origem externa ao Parlamento e do contato que o partido tem com suas bases.

Os partidos de massas são a forma moderna de organização partidária. Sua origem está ligada à expansão do direito ao voto durante o século XIX na Europa Ocidental, com a entrada do operariado na arena política.

> A gênese dos partidos de massas está relacionada com a formação dos primeiros partidos externos aos parlamentos nacionais, os quais construíram organizações extraparlamentares de modo a angariar o apoio de setores específicos da sociedade e organizar as atividades das agremiações, tanto eleitorais quanto no contato com os membros.
>
> A existência de filiados e a forma de relacionamento dos partidos com eles foram uma novidade no cenário político. Os partidos deixaram de ser somente máquinas eleitorais e passaram a ser organizações mais amplas, que visam não apenas ao sucesso eleitoral, mas também ao enquadramento de seus filiados. As legendas começaram a prestar serviços aos seus membros, com ofertas de cursos de formação, oportunidades de empregos e até mesmo atividades recreativas. Como contrapartida, os filiados devem contribuir para o financiamento da organização pagando pequenas cotas anuais que servem para a manutenção das atividades partidárias. Segundo Duverger (1970), os partidos trocam o financiamento capitalista (em que poucos contribuem com muito) por uma forma de financiamento em que muitos contribuem com pouco.
>
> De modo resumido, os partidos de massas consistem no tipo ideal de partidos políticos, pois têm uma ampla organização extraparlamentar, são dotados de posicionamentos ideológicos bem delimitados, mantêm relação estreita com seus filiados, atuam também quando não há período eleitoral e demonstram organização hierárquica e posições bem definidas (Duverger, 1970).

A gênese do PT não se encontra relacionada somente a um grupo, mas a uma pluralidade de atores que se opunham à ditadura e almejavam a construção de um partido operário (Amaral, 2010; Barros, 2022). O primeiro grupo foi composto de integrantes de movimentos sindicais originários da década de 1960 (Novo Sindicalismo), que eram avessos aos sindicatos aceitos pelo regime militar. Além dos sindicalistas, também compuseram o PT em sua gênese os grupos e movimentos sociais ligados à atuação das comunidades eclesiásticas de base (CEBs), organizadas pela Igreja Católica, com vistas a fornecer espaço para a militância política durante a ditadura. Por fim, grupos intelectuais marcaram presença na legenda, pois a ideia da formação de um partido de massas – e operário – não era recente e já havia sido debatida nos círculos intelectuais – nesse sentido, quando ocorreu a formação petista, esses grupos participaram do processo[38] (Amaral, 2010; Barros, 2022; Keck, 1991; Meneguello, 1989).

Durante sua trajetória, o partido passou por transformações. De início, o PT buscava somente seus interesses programáticos, ou seja, a disputa eleitoral era secundária. No entanto, com a vitória de Luiza Erundina na eleição para a prefeitura de São Paulo no fim da década de 1980, a legenda teve seu ponto de virada, quando passou a concentrar seus esforços em disputas eleitorais. Essa mudança se estruturou no decorrer da década de 1990 e culminou com a vitória de Luiz Inácio Lula da Silva à presidência da República em 2002.

Diferentemente da maioria dos partidos brasileiros, o PT tem ampla base social e estreitas relações com movimentos sociais e sindicais, como o Movimento dos Trabalhadores Rurais Sem Terra (MST) e a Central Única dos Trabalhadores (CUT). Outra novidade do partido foi a formação dos núcleos de base, que tinham como função inicial promover a integração e a participação dos filiados nas atividades partidárias (Amaral, 2013; Keck, 1991; Meneguello, 1989; Ribeiro, 2013b). A baixa participação dos filiados e a resistência da organização

---

38 *Grupos parlamentares também fizeram parte da construção do PT, mas sua participação no processo foi mais restrita (Meneguello, 1989).*

em institucionalizá-los relegaram os núcleos de base a uma função consultiva dentro da organização partidária (Amaral, 2013).

6.5
ELEIÇÕES: A CONSTRUÇÃO DO MULTIPARTIDARISMO

O sistema atual conta com eleições regulares desde 1982, quando ocorreram as eleições para governadores e para o Colégio Eleitoral de 1985 – que escolheria o presidente responsável por concluir o processo de transição para a democracia. As primeiras eleições ainda ficaram sob a influência do regime civil-militar, principalmente ao estabelecerem o voto vinculado em todos os níveis – para ser válido, o voto deveria ser dado a apenas um partido em todos os níveis. A adoção dessa regra tinha o objetivo de diminuir a força da oposição e garantir a maioria parlamentar ao governo durante os trabalhos do Colégio Eleitoral.

Quadro 6.2 – Eleições de 1982

Partido*	Deputados federais
PDS	235
PMDB	200
PDT	23
PTB	13
PT	8
Total	479

Fonte: Elaborado com base em Nicolau, 1998.
*Confira a lista de siglas partidárias ao fim do livro.

Como podemos depreender do Quadro 6.2, as eleições de 1982 foram marcadas pelo amplo domínio das legendas herdeiras do período militar, fato que pode ser explicado por dois fatores: (1) as duas agremiações já se encontravam estruturadas, enquanto as demais ainda estavam em processo de estruturação; (2) a adoção do voto vinculado inibiu o desempenho eleitoral das novas legendas – que se mostrou discreto – e favoreceu os partidos maiores.

Quadro 6.3 – Eleições de 1986

Partido*	Deputados federais
PMDB	260
PFL	118
PDS	33
PDT	24
PTB	17
PT	16
PL	6
PDC	5
PCB	3
PCdoB	3
PSC	1
PSB	1
Total	487

Fonte: Elaborado com base em Nicolau, 1998.
*Confira a lista de siglas partidárias ao fim do livro.

Por sua vez, as eleições de 1986, como visto no Quadro 6.3, apresentaram uma maior fragmentação partidária, com sensível aumento do número de partidos representados (12 partidos elegeram deputados federais). Contudo, o predomínio se manteve com o PMDB, capitalizando o descontentamento com o antigo regime. Esse partido elegeu uma ampla bancada parlamentar e, sobretudo, quase a totalidade dos governadores – somente um (em Sergipe) foi eleito por outro partido, o PFL. Este, aliás, apresentou-se como a principal novidade do quadro e modificou a dinâmica partidária, ao tomar para si o eleitorado do PDS e se consolidar como a principal força de direita do país. PDT, PT e PTB também tiveram crescimento eleitoral, ainda que tímido em comparação com o dos dois maiores partidos. O destaque ficou para o enfraquecimento do PDS, que foi acentuado nas eleições seguintes até a reformulação da legenda.

Quadro 6.4 – Eleições de 1990

Partido*	Deputados federais
PMDB	108
PFL	83
PDT	45
PDS	42
PRN	40
PSDB	38
PTB	38
PT	35
PDC	22
PL	17
PSB	11
PSC	6
PCdoB	5
PRS	4
PCB	3

(continua)

(Quadro 6.4 – conclusão)

Partido*	Deputados federais
PTR	2
PST	2
PSD	1
PMN	1
Total	503

Fonte: Elaborado com base em Nicolau, 1998.
*Confira a lista de siglas partidárias ao fim do livro.

Já as eleições de 1990 revelaram um crescimento da fragmentação partidária. Mesmo com domínio do PMDB, a legenda já não se mostrou absoluta como nas eleições passadas, e novos partidos, como o já citado PSDB e o Partido da Reconstrução Nacional (PRN), obtiveram um bom desempenho: o primeiro em razão do capital político de seus membros construído ainda no PMDB; o segundo em virtude da eleição de Fernando Collor de Mello à presidência da República em 1989. No campo da esquerda, o PDT continuou como a legenda com maior representatividade, mas viu o crescimento eleitoral do PT ser capitalizado nas eleições presidenciais do ano anterior.

Nas eleições de 1990, o PMDB contou com mais de um quinto das cadeiras – as demais foram pulverizadas em 19 partidos. Esse cenário – de alta fragmentação e dificuldades para a construção de maiorias estáveis com poucos partidos – revelou-se uma tônica no sistema partidário brasileiro, o que se configura até os dias atuais.

Rodrigo Mayer

Quadro 6.5 – Eleições de 1994[39]

Partido*	Deputados federais
PMDB	107
PFL	89
PSDB	63
PPR	51
PT	50
PP	34
PDT	34
PTB	32
PSB	15
PL	13
PCdoB	10
PMN	4
PSC	3
PSD	3
PPS	2
PV	1
PRP	1
PRN	1
Total	513

Fonte: Elaborado com base em TSE, 2024a.
*Confira a lista de siglas partidárias ao fim do livro.

Em 1994, ocorreu o aumento da fragmentação partidária na Câmara dos Deputados e novas alterações na composição da Câmara, fruto de mais um realinhamento partidário. O PMDB e o PFL continuaram com as maiores bancadas, contudo novos atores (PSDB e PT) ganharam força e se consolidaram como partidos importantes no

---

39 Os dados expostos neste e nos próximos quadros foram extraídos de pesquisa realizada no site do Tribunal Superior Eleitoral (TSE) e reunidos em recursos de aprendizagem. Logo, não podem ser acessados da maneira como estão apresentados, pois são elaboração nossa.

cenário nacional. Além disso, em virtude do aumento da fragmentação, outras legendas também apresentaram desempenhos consistentes e se posicionaram como agentes relevantes na política brasileira.

Chama a atenção, no entanto, o rápido declínio do PRN, que deixou de ser uma das maiores forças (tinha a quinta maior bancada em 1994, com 40 deputados) e se tornou um partido inexpressivo (somente um parlamentar eleito) em um espaço de apenas uma eleição. Isso ocorreu devido ao caráter personalista da agremiação e ao *impeachment* de Fernando Collor, em 1992.

A alta fragmentação continuou constante no sistema partidário, e novos atores surgiram como alternativas ao eleitorado, entre eles o Partido Progressista Renovador (PPR) e o Partido Progressista (PP), formados por membros do antigo PDS. A fragmentação também foi encontrada no Senado, pois 11 partidos elegeram senadores, com predomínio do PMDB, do PFL e do PSDB.

Quadro 6.6 – Eleições de 1998

Partido*	Deputados federais
PFL	105
PSDB	99
PMDB	83
PPB	60
PT	59
PTB	31
PDT	25
PSB	18
PL	12
PCdoB	7
PPS	3

(continua)

(Quadro 6.6 – conclusão)

Partido*	Deputados federais
PSD	3
PSC	2
PMN	2
Prona[40]	1
PV	1
PST	1
PSL	1
Total	513

Fonte: Elaborado com base TSE, 2024b.
*Confira a lista de siglas partidárias ao fim do livro.

Já em 1998, a fragmentação do Senado diminuiu, auxiliada pela renovação de um terço da Câmara alta. Nesse pleito, somente seis partidos elegeram senadores, embora tais eleições tenham revelado novamente o amplo domínio do PMDB, que elegeu mais de 50% das cadeiras em jogo. Já na Câmara baixa, a fragmentação aumentou e manteve o mesmo padrão dos anos anteriores: 18 partidos elegeram deputados, sendo necessárias amplas coalizões para formar maiorias qualificadas.

---

40 *O Prona foi o primeiro partido assumidamente de extrema direita no Brasil.*

Quadro 6.7 – Eleições de 2002

Partido*	Deputados federais
PT	91
PFL	84
PMDB	75
PSDB	70
PPB	49
PL	26
PTB	26
PSB	22
PDT	21
PPS	15
PCdoB	12
Prona	6
PV	5
PSD	4
PST	3
PSC	1
PMN	1
PSDC	1
PSL	1
Total	513

Fonte: Elaborado com base em TSE, 2024c.
*Confira a lista de siglas partidárias ao fim do livro.

Em 2002, como notamos no Quadro 6.7, ocorreu uma inversão importante na dinâmica política nacional. O PT assumiu a presidência da República e também elegeu a maior bancada na Câmara dos Deputados. Entre os demais partidos, houve diminuição da força do PMDB e crescimento das forças médias, aliadas à fragmentação do sistema.

Rodrigo Mayer

Quadro 6.8 – Eleições de 2006

Partido*	Deputados federais
PMDB	89
PT	83
PSDB	65
PFL	65
PP	42
PSB	27
PDT	24
PL	23
PTB	22
PPS	21
PV	13
PCdoB	13
PSC	9
PTC	4
PSOL	3
PMN	3
Prona	2
PHS	2
PTdoB	1
PAN	1
PRB	1
Total	513

Fonte: Elaborado com base em TSE, 2024d.
*Confira a lista de siglas partidárias ao fim do livro.

O ano de 2006 apresentou a tônica das eleições seguintes: um elevado número de partidos presentes no Parlamento (21 agremiações elegeram ao menos um parlamentar) e a proximidade em termos de número de congressistas eleitos por partido. A fragmentação partidária ficou no nível mais alto até então e nas eleições seguintes manteve essa curva ascendente.

Com relação aos partidos, o PMDB retornou ao papel de maior força, seguido de perto pelo PT. O PDT, outrora a maior força de esquerda, consolidou-se como um partido médio e, em razão da alta rotatividade, novos partidos surgiram no cenário brasileiro, como o PSOL, o PRB e o Partido Trabalhista do Brasil (PTdoB).

Quadro 6.9 – Eleições de 2010

Partido*	Deputados federais
PT	86
PMDB	78
PSDB	54
PP	44
DEM	43
PR	41
PSB	35
PDT	27
PTB	22
PSC	17
PCdoB	15
PV	13
PPS	12
PRB	8
PMN	4
PSOL	3
PTdoB	3

(continua)

(Quadro 6.9 – conclusão)

Partido*	Deputados federais
PRTB	2
PHS	2
PRP	2
PTC	1
PSL	1
Total	513

Fonte: Elaborado com base em TSE, 2024e.
*Confira a lista de siglas partidárias ao fim do livro.

As eleições de 2010 marcaram a acentuação do processo de fragmentação do sistema partidário brasileiro. Não que antes o sistema não fosse fragmentado, mas as eleições desse ano apresentaram aumento na fragmentação, enfraquecimento dos maiores partidos e crescimento das forças médias, em um cenário composto por vários atores relevantes. Essa situação se agravou ainda mais em 2014, quando novos partidos, resultantes de cisões e estratégias das elites políticas, entraram em cena.

Quadro 6.10 – Eleições de 2014

Partido*	Deputados federais
PT	70
PMDB	66
PSDB	54
PSD	37
PP	36
PR	34
PSB	34
PTB	25

(continua)

(Quadro 6.10 – conclusão)

Partido*	Deputados federais
DEM	22
PRB	21
PDT	19
SD	15
PSC	12
PROS	11
PCdoB	10
PPS	10
PV	8
PHS	5
PSOL	5
PTN[41]	4
PMN	3
PRP	3
PEN	2
PSDC	2
PTC	2
PRTB	1
PSL	1
PTdoB[42]	1
Total	513

Fonte: Elaborado com base em TSE, 2024f.
*Confira a lista de siglas partidárias ao fim do livro.

O ano de 2014 marcou o auge da fragmentação e da fracionalização do sistema partidário brasileiro. O cenário disposto após as

---

41 Em 2017, o Partido Trabalhista Nacional alterou seu nome para Podemos.
42 Em 2017, o Partido Trabalhista do Brasil alterou seu nome para Avante.

eleições mostrou um altíssimo número de partidos com acesso ao Parlamento, além de um dos maiores índices de partidos efetivos do planeta, resultado de uma fracionalização do sistema e da incapacidade dos maiores atores políticos de concentrar a maioria das cadeiras. O conflito político no Parlamento não foi concentrado em poucos partidos, mas em vários.

O aparecimento de várias novas legendas relevantes – como Partido Republicano da Ordem Social (PROS) e Solidariedade (SD) – e de outras pequenas – como Partido Ecológico Nacional (PEN)[43] e Partido Pátria Livre (PPL) – contribuiu para o aumento da fragmentação partidária e para o enfraquecimento de legendas tradicionais, como o DEM e o PDT. As novas máquinas partidárias, com exceção do PPL, optaram por não se definir ideologicamente, de modo a transitar entre os espectros ideológicos e, sobretudo, os governos.

Além disso, os resultados das eleições de 2014 foram fundamentais para o agravamento da crise política iniciada anos atrás. O ciclo petista mostrava sinais de desgaste, mesmo com a vitória no pleito daquele ano. A não aceitação dos resultados por parte dos tucanos trouxe a radicalização da direita para o centro da arena política e abriu as portas para que a direita radical ingressasse e se fortalecesse em diversos partidos de centro-direita e de direita.

Outro efeito foi o agravamento da crise dos partidos brasileiros. Ela não se restringiu ao PT, mesmo depois de ser retirado do poder em 2016, e atingiu também os partidos tradicionais, que viram seu desempenho cair em face de novas legendas que passaram a rivalizar com eles.

---

43 *Em 2017, o Partido Ecológico Nacional alterou seu nome para* Patriota.

Quadro 6.11 – Eleições de 2018

Partido*	Deputados federais
PT	54
PSL	52
PP	38
PSD	35
MDB	34
PR/PL	33
PSB	32
PRB/Republicanos	30
PSDB	29
DEM	29
PDT	28
SD	13
Podemos	11
PTB	10
PSOL	10
PCdoB	9
PSC	8
Pros	8
PPS/Cidadania	8
Novo	8
Avante	7
PHS	6
Patriota	5
PV	4
PRP	4
PMN	3
PTC	2
Democracia Cristã	1

(continua)

(Quadro 6.11 – conclusão)

PPL	1
Rede	1
Total	513

Fonte: Elaborado com base em TSE, 2024g.
*Confira a lista de siglas partidárias ao fim do livro.

As eleições de 2018 foram marcadas pela primeira vitória da extrema direita nas eleições presidenciais e pela crise dos partidos tradicionais de centro e de direita, os quais foram engolidos pela onda radical. Houve exceções, como os Progressistas e outras legendas de centro e de direita, que, por serem tratados como Centrão, não foram associados individualmente de forma direta à corrupção, apesar de o grupo ser considerado pela opinião pública como um dos grandes focos de corrupção no país.

Com relação à esquerda, esta, sobretudo o PT, foi o grupo político mais atingido pela Operação Lava Jato e testou sua sobrevivência no pleito de 2018. A prisão de Lula e o impedimento de sua candidatura impactaram o desempenho do partido, que, apesar desses reveses e do desgaste de 13 anos no poder, conseguiu eleger, ao lado do PSL, a maior bancada na Câmara dos Deputados.

A grande novidade das eleições de 2018 foi a vitória da direita radical no pleito. Ela soube se aproveitar da persistente crise política brasileira e, inspirada em outros casos de sucesso, como o Brexit e a eleição de Donald Trump, conduziu uma campanha fora dos padrões, em que não houve moderação do discurso e e se buscou uma forte presença nas redes sociais para pautar o debate e fornecer conteúdo praticamente personalizado para grupos de eleitores (Avritzer, 2019; Nicolau, 2020).

A chamada *nova direita* surgiu na América Latina após os regimes ditatoriais. Segundo López-Segrera (2016), existem três tipos de direita na região: a ditatorial (existente entre as décadas de 1970 e 1980, embora se possa afirmar que ela é mais antiga), a neoliberal (que vigorou na década de 1990) e a reformulação da direita neoliberal (que mantém o apreço pelo neoliberalismo).

A década de 1990 foi marcada por reformas neoliberais que tinham como objetivo estabilizar as economias da região, realizar a abertura comercial e controlar a inflação. No entanto, essas reformas aprofundaram as desigualdades sociais e abriram espaço para ciclos de protestos e o fortalecimento da esquerda como um ator relevante –uma novidade em muitos países da região (Kaltwasser, 2014). Entretanto, mesmo com o desgaste, os atores políticos de direita conseguiram manter parte do eleitorado.

Seus programas enfatizam suas capacidades de gerir a economia e gerar crescimento econômico com responsabilidade fiscal. Ao mesmo tempo, defendem ações mais duras em relação à segurança pública[44] e associam a esquerda à corrupção, ao clientelismo e ao nepotismo[45] (Kaltwasser, 2014).

Para Kaltwasser (2014), a nova direita apresenta três estratégias de mobilização. A primeira é não eleitoral e implica pressionar os governos para que estes não façam reformas que contrariem seus interesses, por meio de *lobbies*, grupos de pressão, *think tanks*, uso das mídias de comunicação de massa e golpes de Estado. A segunda consiste em lançar candidatos que se colocam como *outsiders* e críticos em relação à política (mesmo que tenham uma carreira política ou que atuem em grupos de pressão). Por fim, a terceira estratégia envolve a criação de novas siglas, porém essa ação demanda recursos financeiros e temporais.

---

44 *A segurança e o endurecimento das penas são um tema caro para a nova direita. Contudo, também se observam problemas relacionados ao seu apoio às ditaduras militares e às violações dos direitos humanos praticadas por elas.*

45 *O nepotismo se constitui em uma ação que um detentor de poder público realiza para beneficiar um parente (Faoro, 2021).*

Antes de prosseguir na análise sobre os resultados de 2018, é importante descrever um pouco as bases da direita radical[46]. Após um período de irrelevância política, a extrema direita ressurgiu na política – na Europa Ocidental e, posteriormente, em outras regiões – entre as décadas de 1970 e 1980. Seu retorno foi acompanhado pela rejeição às mudanças econômicas e sociais causadas pelo Estado de bem-estar social (exemplificada pela passagem de valores materiais para pós-materiais), pela crise dos partidos políticos tradicionais[47] e pelo surgimento dos partidos verdes, que, apesar do tímido desempenho eleitoral, introduziram temas fundamentais no debate político.

Os partidos políticos e os movimentos sociais da (nova) extrema direita apresentam algumas diferenças entre si em relação a alguns temas e estratégias, isto é, nem todos os temas são compartilhados em suas agendas políticas. Todavia, apesar das múltiplas extremas direitas, é possível separar o campo em dois tipos distintos de partidos: a nova

---

46 *Para Mudde (2022), é possível identificar quatro ondas da extrema direita após a derrota do nazismo e do fascismo na década de 1940. A primeira se deu logo após a Segunda Guerra Mundial e refere-se à atuação de apoiadores, os quais não conseguiram grande apoio da população em virtude da grande rejeição às suas ideias. A segunda onda ocorreu entre 1955 e 1980 e abrange a emergência de partidos populistas de direita, os quais têm na oposição às elites, aos movimentos sociais e aos grupos sociais sua principal bandeira. A terceira onda aconteceu entre 1980 e 2000 e envolve o crescimento eleitoral da direita radical, principalmente por verbalizar a rejeição de parte da população em face do crescimento do desemprego e da imigração. A última onda da extrema direita é a atual e configura-se como a normalização da direita radical no mundo e seu crescimento por meio da capitalização política de atentados terroristas e crises econômicas e migratórias.*

47 *A chamada crise dos partidos políticos (e da representação) surge da percepção de seu distanciamento em relação às demandas da população (Foa; Mounk, 2016, 2017a, 2017b; Tormey, 2019). As siglas tradicionais, ao se afastarem das questões programáticas e focarem o aumento de seu alcance perante o eleitorado, tornaram-se muito semelhantes, o que dificulta sua diferenciação pelo eleitorado. Como consequência, o eleitorado pode preferir um* outsider, *pois as elites políticas não apresentam soluções.*

extrema direita e partidos herdeiros dos antigos partidos fascistas e nazistas europeus.

Os dois tipos de partidos compartilham vários temas em suas plataformas, mas mantêm diferenças quanto a alguns pontos importantes (principalmente em relação ao passado). A nova extrema direita não é a mera rejeição aos partidos políticos existentes. Em suas plataformas, a maioria das legendas compartilha as seguintes posições, entre outras: defesa da hierarquia social e da lei e da ordem, com uma autoridade forte para o país; defesa da tradição (porém, esta não é bem definida em seus textos programáticos); nacionalismo; posicionamento contra imigração (e, em alguns casos, xenofobia e racismo); individualismo; defesa do livre mercado e aproximação a teses neoliberais. Seus programas também rejeitam o keynesianismo e o Estado de bem-estar social, as políticas ambientais, os direitos de minorias (LGBTQIA+, etnias) e de gênero, o multiculturalismo, o pluralismo social, a esquerda liberal e o comunismo, que é visto como uma ameaça à existência do próprio Ocidente.

Os herdeiros dos antigos partidos fascistas e nazistas adotam posicionamentos semelhantes aos dos outros partidos extremistas de direita, como livre mercado, nacionalismo, defesa de uma sociedade harmônica, de lideranças fortes e carismáticas, entre outros. No entanto, diferem em alguns pontos centrais, sobretudo em relação ao passado.

As agremiações partidárias e os movimentos sociais neonazistas e fascistas buscam se colocar como herdeiros direitos dos antigos regimes, adotando programas, símbolos e mensagens semelhantes e propondo seu retorno. Entretanto, ao contrário do fascismo e do nazismo da primeira metade do século XX, o expansionismo não se encontra presente em suas plataformas.

Rodrigo Mayer

É possível falar em partidos herdeiros do fascismo e do nazismo na América Latina? Pode-se falar em legendas inspiradas no nazismo, como a Frente Patriota da Argentina e outras legendas com grande proximidade com movimentos neonazistas. Contudo, salvo exceções, como os integralistas[48] brasileiros, o nazismo e o fascismo estiveram restritos a movimentos e espalhados nas agremiações partidárias da região.

Do mesmo modo que a extrema direita europeia, os extremistas latinos recorrem a símbolos e ao passado para se legitimarem perante a população. Nesse caso em específico, buscam defender o legado dos regimes militares da região, sobretudo em relação à segurança, ao combate à corrupção e à economia, e falam em "virar a página" e/ou ignoram as graves violações dos direitos humanos daquele período.

A aproximação com setores religiosos é outra marca dos radicais de direita na região, principalmente pelo avanço evangélico. As legendas não se identificam como partidos religiosos, mas agregam a defesa dos valores cristãos em suas identidades.

É possível argumentar que os extremistas de direita da região mimetizam suas contrapartes europeias e setores do Partido Republicano dos Estados Unidos ao explorarem o descontentamento e o ressentimento da população com a classe política, os medos das classes médias, os preconceitos da sociedade acrescidos de forte aspecto religioso e a defesa do legado das ditaduras militares.

É preciso notar que o nacionalismo é um dos principais temas da direita radical (Bourseiller, 2002; Mudde, 2000; Zaslove, 2009). O objetivo é construir o ideal de povo da nação, mas não apenas

---

48 *A Aliança Integralista Nacional foi um movimento político brasileiro com inspirações fascistas. Do mesma forma que o fascismo italiano, os integralistas tinham no racismo e no antissemitismo uma de suas principais bandeiras, além de se vestirem de maneira semelhante (Trindade, 1974).*

isso: a retórica usada busca promover a restauração de um *status quo* e dos valores do passado, os quais se encontram perdidos. Os inimigos da nação, para os extremistas, não são um mero adversário, mas indivíduos, grupos ou nações que não reconhecem os valores, os sentimentos do país. A criação do inimigo, com bem pontuado por Stanley (2020), envolve certa dose de vitimização por parte da extrema direita, pois o "outro" atua sempre para boicotar (atrapalhar, destruir, prejudicar, sabotar etc.) o desenvolvimento do país.

O comunismo – e a esquerda como um todo – consiste no alvo – e na obsessão – favorito da extrema direita (Bourseiller, 2002; Mudde, 2000). Aos comunistas, apesar de não serem mais uma ameaça (Laqueur, 1996), são imputados todos os males das sociedades modernas e a encarnação de um sistema corrupto que deve ser extirpado do meio social.

Os comunistas, segundo os radicais de direita, representam uma ordem social corrupta que prega o antagonismo entre a população e a divisão da sociedade em classes, o que acaba por fragmentar a comunidade. A defesa da igualdade também é criticada, pois, para a extrema direita, os seres humanos são naturalmente desiguais e não há o que possa ser feito para alterar esse fato (Bihr, 1991).

As questões do racismo e da xenofobia figuram de forma mais aparente em manifestos, cartas de princípios e programas de governo dos países europeus (sobretudo na França). No caso latino americano, essas questões também se encontram presentes, de modo sutil, quando se enfatiza a necessidade de defesa da identidade e dos valores nacionais e, de modo velado, quando se faz referência aos povos originários da região e à população negra.

A defesa de uma sociedade harmônica, sem conflitos e empenhada em valorizar as tradições e os valores nacionais é uma das principais bandeiras da extrema direita (Ignazi, 1992, 2003). Para os radicais, a imigração traz ameaças à sobrevivência de suas culturas, aos seus empregos e à sua segurança (Bihr, 1991; Goodwin, 2009; Mudde, 2000; Von Beyme, 1988).

O tradicionalismo dos extremistas se expressa na constante retórica da defesa da identidade coletiva contra outras culturas, raças e grupos. O extremista, antes de mais nada, tem medo de tudo o que lhe seja diferente, tudo o que lhe seja estranho, e trata a diferença como uma ameaça (Bihr, 1991).

O medo não é sentido apenas em relação a estrangeiros, mas a quaisquer indivíduos, grupos, culturas e subculturas presentes na sociedade que, para eles, ameacem a pureza de sua comunidade imaginária. Isso leva a ataques a comunidades LGBTQIA+, feministas, negros, indígenas etc. Mais do que uma reação à dissolução dos laços comunitários (reais ou imaginários), os ataques exprimem o medo da mudança e do futuro (Lazzarato, 2019), o qual se apresenta mais fragmentado, mais diverso e longe da unidade defendida pelos extremistas.

Resumidamente, a extrema direita ressurge como reação – principalmente de setores radicalizados da classe média e da elite – a mudanças sociais, políticas e econômicas do final do século XX (e começo do XXI). Como resposta, suas lideranças propõem uma sociedade harmônica, hierárquica e ordeira sob o comando de uma liderança forte e carismática (que pode aproximar-se ou não da figura de um populista), além de políticas voltadas para o livre mercado e o resgate de valores tradicionais.

O PSL foi o grande vencedor das eleições de 2018. Antes do escrutínio, o partido nunca teve destaque algum no cenário político brasileiro – fora um escândalo aqui, outro acolá – e configurava-se como uma autêntica legenda fisiológica de aluguel.

A sorte começou a mudar quando seu presidente – que comandou o partido durante praticamente toda a sua existência – decidiu romper o contrato de aluguel com o Livres para fechar um acordo mais lucrativo com setores interessados em apoiar a candidatura presidencial do então deputado federal Jair Bolsonaro (Dias; Mayer, 2021). A opção pelo grupo do ex-capitão do exército foi além de uma simples tentativa de sobrevivência da legenda; tratou-se de uma oportunidade de crescer e tornar-se um importante ator na política brasileira. Ao abraçar o extremismo, a legenda passou por uma espécie de refundação, constituindo uma espécie de novo partido mesmo que tardio. Mais que mudar o programa, a legenda serviu como uma espécie de incubadora para os movimentos, ou seja, como um espaço para o desenvolvimento e a consolidação do populismo radical de direita no país (Dias; Mayer, 2021).

O ano de 2018 marcou o começo da decadência do PSDB, que, como veremos mais adiante, foi agravada no pleito de 2022. Por mais de 20 anos, o partido rivalizou com o PT nas eleições nacionais, porém, ao abrir suas portas para o radicalismo nas eleições de 2010, a legenda acabou por ser engolida por uma nova direita ainda mais radicalizada. Outro fator, já mencionado, que impactou o desempenho do partido foi o desgaste de participar da deposição de Dilma Rousseff e do governo Temer, período marcado por medidas impopulares, escândalos de corrupção e baixa popularidade. Ao integrar e avalizar um governo quase sem popularidade, o partido acabou por se acorrentar a um governo sem voto e, pior ainda, retirou mais votos deste. Soma-se a isso o fato de que, durante o governo Temer, explodiram casos de corrupção do partido, o qual havia sido poupado das investigações da Operação Lava Jato. Esse cenário fez com que o partido queimasse capital político e seus eleitores migrassem para opções mais radicais que os tucanos.

O Quadro 6.12 mostra o resultado das eleições de 2022 e o novo alinhamento partidário com a continuidade do declínio de alguns partidos tradicionais, como o PSDB, e o crescimento do MDB, do PL, do PP e do Republicanos.

Quadro 6.12 – Eleições de 2022

Partido*	Deputados federais
PL	99
PT	68
União Brasil	59
PP	47
PSD	42
MDB	42
Republicanos	41
PDT	17
PSB	14
PSDB	13
Podemos	12
PSOL	12
Avante	7
PSC	6
PCdoB	6
PV	6
Cidadania	5
Solidariedade	4
Patriota	4
Novo	3
Pros	3
Rede	2

(continua)

(Quadro 6.12 – conclusão)

Partido*	Deputados federais
PTB	1
Total	513

Fonte: Elaborado com base em TSE, 2024h.
*Confira a lista de siglas partidárias ao fim do livro

As eleições de 2022 marcaram a volta do PT ao poder, seis anos após o processo de deposição de Dilma Rousseff. Para além do retorno petista à presidência, houve o crescimento do PL, o enfraquecimento do PSDB e a diminuição da quantidade de partidos, tendência que deve ser acentuada, salvo se o país seguir sua tradição de fazer reformas políticas e eleitorais em anos sem eleições.

Com relação à vitória do PT, a legenda saiu da defensiva em que estava nas eleições de 2018 e conseguiu a vitória em um pleito equilibrado contra o então presidente, que buscava a reeleição, muito por causa da figura de sua principal liderança (Lula) e pela má gestão da economia e da pandemia realizada por Bolsonaro. Além disso, a legenda conseguiu ampliar sua bancada em comparação com as eleições passadas. No campo da esquerda, houve o crescimento do PSOL e o declínio do PDT e do PSB, os quais sofreram com uma candidatura presidencial que não decolou (PDT) ou tiveram dificuldades de compor chapas mais competitivas para o Parlamento (PSB).

O PL foi o grande vencedor das eleições de 2022, mesmo com a perda da presidência da República. O partido teve como estratégia atrair os grupos de extrema direita que circundavam Jair Bolsonaro, ao mesmo tempo que contou com uma estrutura e umatrajetória mais consolidadas que a antiga legenda do ex-presidente.

A estratégia de disputar os principais cargos majoritários foi uma importante virada na trajetória do partido, acostumado a focar a ocupação de cargos e eleições legislativas. A conversão em um partido grande não ocorreu de forma orgânica, mas por meio da atração de um nome com um grande capital político e base social. Não foi um mero aluguel, mas uma aliança, em que o bolsonarismo achou um novo e mais estruturado lar e os liberais ganharam em termos eleitorais.

Nesse sentido, é possível argumentar que dentro do partido convivem dois grupos: um, mais antigo, guiado pelo fisiologismo que marcou a história da agremiação, e outro, novato, radical, que busca o controle da máquina estatal.

Ainda no campo da direita, o PSDB continuou a diminuir. Em 2018, o partido foi engolido pelo radicalismo que ele mesmo incentivou nos anos anteriores. Em 2022, o partido também sofreu com isso, pois a legenda, além de não conseguir resolver a briga interna entre seus principais quadros, viu-se ocupada por radicais de extrema direita. Os tucanos têm a difícil tarefa pela frente de desradicalizar o partido e tentar retomar o protagonismo nacional. Nesse contexto, é importante destacar que, desde as eleições de 2018, o principal partido de direita é aquele que rivaliza com o PT nas eleições presidenciais.

Por último, cabe mencionar que a legislação acabou com as coligações nas proporcionais, além de apresentar a cláusula de barreira que dificulta – e proíbe – o acesso de partidos a recursos públicos caso não atinjam determinada votação. Se mantida, a nova legislação incentivará fusões e incorporações de partidos e, consequentemente, a diminuição do quadro partidário.

Durante a Nova República, o sistema partidário e os partidos brasileiros passaram por diversas mudanças, com vários partidos alterando seus nomes (fenômeno que não é novidade na história política brasileira, mas que se acentuou nos últimos anos) e regras eleitorais e partidárias que incentivaram o crescimento de fusões entre as legendas e/ou o estabelecimento de federações partidárias.

Os partidos brasileiros continuam em constante mudança. Novamente, um sistema cristalizado garante previsibilidade eleitoral, nas alianças e nos competidores, porém impõe dificuldades de adaptação, o que pode levar a crises políticas. Ao contrário, um sistema altamente instável não apresenta estabilidade nos padrões de competição e conta com um grande número de partidos surgindo e desaparecendo.

Partidos surgem e desaparecem a todo o momento em todos os lugares do mundo. O realinhamento é mais comum em países com partidos com poucos laços sociais e/ou com grande número de atores relevantes. Contudo, mesmo países com larga tradição partidária enfrentam mudanças causadas por novas demandas ou como resultado de crises. Um bom exemplo é o Reino Unido, que, em 1900, viu o surgimento do Partido Trabalhista, o qual, no decorrer de sua história, consolidou-se como um importante ator político.

A opção das elites por trocar as etiquetas e/ou fundar novos partidos no Brasil é incentivada pela baixa identificação partidária que quase todas as legendas brasileiras têm e também como uma estratégia de *"marketing"* por parte dos partidos que adotam novos nomes, seja para tentar angariar votos com uma denominação mais próxima de um movimento, seja para escapar de escândalos, seja para simplificar a alcunha.

Síntese

Neste capítulo, discutimos como a Nova República trouxe novidades para a história partidária brasileira, entre as quais podemos destacar o surgimento de partidos de massa e o amplo direito ao sufrágio. Do mesmo modo que nos períodos anteriores – República de 1946 e ditadura civil-militar –, os partidos deveriam ser organizados em bases nacionais e não eram permitidos partidos regionais.

Vimos também que o surgimento do atual sistema partidário esteve relacionado à estratégia da ditadura de dividir a oposição em múltiplos grupos e, assim, manter o controle sobre o processo de transição democrática. A princípio, o sistema produziu seis novos competidores (PDS, PMDB, PDT, PTB, PT e PP), que logo se tornaram cinco com a incorporação do PP pelo PMDB, em 1980 (não confundir com o atual Partido Progressista, pois o PP em questão se chamava *Partido Popular* e foi fundado por Tancredo Neves).

Argumentamos ainda que a década de 1980 foi prolífica na formação de partidos e que, em menos de dez anos, o país tinha mais de 30 legendas. A contínua formação foi, em parte, resultado de uma legislação pouco restritiva, que permitia a participação de partidos em formação no processo eleitoral. No entanto, muitos deles desapareciam depois de um pleito perdido.

A expansão também foi tratada pela bibliografia especializada como resultado do reordenamento das elites políticas nacionais. Na década de 1990, ocorreu a estabilização do quadro de partidos: por um lado, em virtude da cristalização das elites políticas nos partidos; por outro, em razão de uma nova legislação partidária, mais restritiva quanto ao acesso de novos partidos à arena política. Apesar da estabilização, nos últimos anos o número de componentes voltou a crescer, tanto motivado por cisões quanto, principalmente, pelos altos ganhos – sobretudo financeiros – que a construção de um novo partido traz para suas lideranças.

Há muito tempo (apesar da recente retração) o atual sistema tem como uma de suas principais características o alto número de siglas políticas. A alta quantidade não é em si um problema, pois países como o Reino Unido e os Estados Unidos têm muito mais partidos que o Brasil. No entanto, a existência de vários atores relevantes – como no cenário brasileiro – abre o espaço para alianças pragmáticas em vez de programáticas, bem como para o estabelecimento de um alto número de *veto players*, ou seja, atores políticos com o poder de frear mudanças.

Desde 2013, o sistema partidário brasileiro tem atravessado uma crise que se agravou durante as eleições de 2014, em que houve o aumento da fragmentação partidária e o acirramento da polarização política na sociedade. A crise política continuou e acabou por gerar a deposição de Dilma Rousseff do poder em 2016. Inicialmente, a queda de Dilma – e do PT – levou o partido de seu vice ((P)MDB) ao poder junto com o maior opositor da legenda (PSDB). Contudo, a má avaliação do governo Temer e seus escândalos de corrupção trouxeram desgastes aos partidos, o que, somado à crise política, resultou no descrédito dos partidos tradicionais e possibilitou a ascensão da extrema direita no país.

A vitória do radicalismo de direita em 2018 acarretou importantes mudanças para o quadro partidário, com maior fragmentação partidária e crescimento da força do Centrão[49]. Além disso, os extremistas não se concentram em apenas um partido, mas em vários, até nos partidos tradicionais, como o PSDB.

As eleições de 2022 foram marcadas pela volta do PT ao poder e pela continuidade da crise dos partidos tradicionais. Ademais, outra força de direita (PL) assumiu como o principal opositor da esquerda, demonstrando que a direita ainda carece de um partido institucionalizado e que o maior partido do campo é aquele que consegue rivalizar com os petistas.

---

49 O chamado Centrão *consiste em um grupo de partidos fisiológicos que buscam cargos no Executivo de modo a atender a suas demandas clientelistas.*

O quadro partidário brasileiro se encontra em transformação, com mudanças de nomes, fusões, incorporações, composição de federações e retração. Algumas das mudanças podem durar pouco, mas apontam para um quadro partidário diferente do observado no começo da década de 2010.

Questões para revisão

1. A origem dos partidos políticos da Nova República está relacionada com a estratégia do governo militar de fragmentar a oposição e, assim, manter o controle sobre o processo de transição. O novo sistema, inicialmente, contou com um multipartidarismo moderado e, no decorrer de seu desenvolvimento, houve um aumento da fragmentação e da quantidade de competidores partidários. Quais foram as causas para a expansão do número de partidos no país?

2. A formação do Partido dos Trabalhadores (PT) foi uma novidade no cenário político nacional e latino-americano. Em que consistiu essa novidade, segundo a literatura especializada?

3. Quais são os principais motivos apresentados para a formação do Partido da Social Democracia Brasileira (PSDB)?
   a) Ação de sindicatos, defesa do parlamentarismo e presença de lideranças sociais.
   b) Cisão da ala mais conservadora do PT, defesa do presidencialismo e presença de lideranças sociais.
   c) Cisão da ala mais pragmática do Partido do Movimento Democrático Brasileiro (PMDB), defesa do semipresidencialismo e capital político de suas lideranças.

d) Cisão da ala mais progressista do PMDB, defesa do parlamentarismo e capital político de suas lideranças.
e) Ação de movimentos sociais, defesa do presidencialismo e falta de capital político de suas lideranças.

4. O realinhamento das forças partidárias gerou um elevado número de novos partidos, cisões e fusões partidárias. Qual foi o principal motivo para a cisão do Partido Democrático Social (PDS) e a consequente formação do Partido da Frente Liberal (PFL)?
   a) Rejeição ao programa partidário.
   b) Fisiologismo.
   c) Continuidade de eleições indiretas.
   d) Eleições diretas para presidente.
   e) Escolha do candidato governista ao Colégio Eleitoral de 1985.

5. Em que consiste a institucionalização partidária?
   a) Estabilização do comportamento dos partidos e de seus padrões de competição.
   b) Presença nos movimentos sociais e alta volatilidade eleitoral.
   c) Alto número de partidos e baixa volatilidade eleitoral.
   d) Fragmentação partidária e volatilidade eleitoral.
   e) Eleições regulares e alto número de competidores.

Questões para reflexão

1. O sistema partidário brasileiro vem constantemente sendo alvo de críticas por parte da literatura especializada, que o descreve como um caso de subdesenvolvimento partidário

se comparado ao das democracias europeias ocidentais.

No entanto, ao olharmos para o fenômeno partidário como um todo, verificamos que muitas das críticas (afastamento da sociedade, pragmatismo acima do programa, personalismo etc.) podem ser estendidas a agremiações de democracias consolidadas. Até que ponto podemos argumentar que a crise dos partidos políticos é algo exclusivamente brasileiro? Podemos considerar que, na verdade, a crise é global?

2. Desde sua fundação, no fim da década de 1970, o atual sistema partidário tem sido alvo de pesadas críticas, porém ele conseguiu se consolidar. Apesar dos prognósticos negativos, por que o sistema se estabilizou?

Para saber mais

O leitor interessado em conhecer mais sobre o atual sistema partidário brasileiro pode consultar:

BRAGA, M. do S. S. **O processo partidário-eleitoral brasileiro**: padrões de competição política (1982-2002). São Paulo: Humanitas; Fapesp, 2006.

FIGUEIREDO, A. C.; LIMONGI, F. **Executivo e Legislativo na nova ordem constitucional.** Rio de Janeiro: Ed. da FGV; Fapesp, 1999.

LINZ, J. J.; STEPAN, A. **A transição e consolidação da democracia**: a experiência do Sul da Europa e da América do Sul. Tradução de Patrícia de Queiroz Carvalho Zimbres. São Paulo: Paz e Terra, 1999.

MAINWARING, S. **Sistemas partidários em novas democracias:** o caso do Brasil. Tradução de Vera Pereira. Porto Alegre: Mercado Aberto; Rio de Janeiro: Ed. da FGV, 2001.

MOTTA, R. P. S. **Introdução à história dos partidos políticos brasileiros.** 2. ed. Belo Horizonte: Ed. da UFMG, 2008.

O documentário a seguir acompanha os bastidores da campanha presidencial de Luiz Inácio Lula da Silva em 2002.

ENTREATOS. Direção: João Moreira Salles. Brasil, 2004. 117 min.

Rodrigo Mayer

Estudo de caso

Histórico de partidos políticos no Brasil: antigos políticos, novos rótulos

O Brasil tem uma lista longa de partidos políticos. Salvo em alguns períodos entre o Estado Novo e o início da República de 1946, desde a década de 1830 já havia agremiações políticas organizadas no território nacional. Embora a existência de partidos não seja estranha à nação, o mesmo não se pode dizer sobre a continuidade deles. O país sempre viveu em um cenário em que legendas aparecem para desaparecer pouco depois. Porém, esses partidos não surgiram por meio da representação de clivagens ou de conflitos sociais, mas por meio de estratégias das elites políticas nacionais.

Apesar da descontinuidade dos partidos políticos e dos sistemas partidários, pode-se argumentar que, na verdade, existe uma continuidade dos atores políticos. Estes, em sua maioria, sobrevivem às inúmeras transformações do sistema partidário e se reorganizam em novas organizações: políticos antigos, rótulos novos.

Ao se examinar a passagem de um sistema político para outro, verifica-se a permanência de quase todos os integrantes da antiga elite política nacional, mas sob uma nova roupagem. Na primeira transição, os membros dos partidos Conservador, Liberal e Republicano não se viam excluídos da República Velha, mas inseridos na nova dinâmica, em que as elites oligárquicas regionais se reuniam em partidos republicanos regionais. De maneira geral, os diversos partidos republicanos espalhados pelo país condensavam os interesses e os conflitos da elite política nacional em uma única organização.

No entanto, a segunda passagem não foi automática. Por causa da Revolução de 1930, muitos membros da antiga elite se viram alijados do poder; outros, contudo, permaneceram e se reorganizaram em entidades provisórias que atuaram até o Estado Novo, as quais, entretanto, não chegaram a se institucionalizar. Do mesmo modo, a formação dos partidos pós-Estado Novo reorganizou em novos partidos (tais como PSD, PTB e UDN) as elites do Estado Novo e da oposição ao regime, além de outros pequenos partidos – com destaque para a tentativa de retorno do antigo Partido Republicano sob a batuta do ex-presidente Artur Bernardes.

Nos dois últimos sistemas partidários (ditadura civil-militar e Nova República), o reordenamento ocorreu de modo quase automático. Na ditadura, o fim dos partidos da República de 1946 se deu pela impossibilidade de formação de uma maioria sólida e estável por parte das forças governistas, o que levou à formação de um sistema bipartidário, pois a manutenção de uma imagem democrática era do interesse do regime. Em que pesassem as cassações, os membros dos novos partidos eram pertencentes às antigas legendas, de tal forma que a emergência dos partidos atuais não foi uma ação da sociedade, mas resultou de estratégias governamentais, que visavam à manutenção do poder estabelecido. Ou seja, a emergência do atual sistema partidário representou mais uma reorganização das elites já existentes.

Portanto, em certa medida, podemos considerar que o desenvolvimento histórico do sistema partidário brasileiro apresenta continuidade de seus componentes, mas sob novos rótulos. Por que isso ocorre? Uma primeira resposta estaria relacionada ao pouco tempo entre a criação de um sistema e o fim do outro. Excluindo-se a passagem do sistema partidário da década de 1930 para o da República de 1946, a transição dos demais foi praticamente automática, mesmo em períodos de ruptura, como a que ocorreu do Império para a República Velha e da República de 1946 para a ditadura civil-militar. Uma segunda resposta seria que o Brasil tem tradição em eleições, mas não em partidos políticos. Disso advém a instabilidade das agremiações, que surgem e desaparecem de acordo com as crises enfrentadas pelo país.

Considerações finais

O sistema político-partidário do Brasil foi sempre uma questão mais de forma que de conteúdo. As siglas mudam, mas os atores por trás delas não (com poucas exceções). No cenário nacional, as principais lideranças são as mesmas de outros tempos, porém dotadas de nomes novos, que raramente carregam a herança das antigas agremiações. Lamounier (1989) resume bem a conjuntura brasileira quando afirma que o país tem tradição política partidária, mas não tem partidos políticos tradicionais.

Durante a maior parte da história do Brasil, a existência de partidos políticos foi considerada um mal necessário, algo que dava uma aparência democrática aos sistemas de governo. O antipartidarismo das elites brasileiras, aliado à fragilidade da sociedade civil organizada, diminuiu os incentivos para a criação de partidos políticos modernos – eles surgiriam somente na República de 1946, mais de 100 anos após a criação das primeiras legendas.

Contudo, no decorrer dos séculos, o país contou com seis sistemas partidários que foram sucedendo um ao outro – ou sete, se contarmos a oposição entre a Aliança Nacional Libertadora (ANL) e a Aliança Integralista Brasileira (AIB) como um sistema à parte da República Velha. Essa sucessão nunca ocorreu por mudanças nas clivagens socioeconômicas ou pelo desenvolvimento dos partidos, mas em virtude de rupturas institucionais, com uma ressalva: na passagem da ditadura civil-militar para a Nova República, a formação de um novo sistema teve como base os interesses do governo, que queria posicionar-se melhor durante a transição.

É possível que o sistema político do país contribua para abreviar a vida dos partidos. Em outras palavras, não existem incentivos – ou eles são muito baixos – para a manutenção das siglas partidárias e, por isso, os políticos preferem investir na criação de novas legendas.

Nesse sentido, raros foram os partidos que duraram mais de uma eleição. Entre os que conseguiram, está o Partido Comunista Brasileiro (PCB), que surgiu durante a República Velha, retornou à legalidade em 1946 e, no ano seguinte, foi condenado à ilegalidade mais uma vez, sob a justificativa de atentar contra a ordem democrática e de ser subordinado a uma organização estrangeira. Ao longo de sua trajetória, o partido não chegou a se tornar um ator eleitoral relevante, com exceção do início da República de 1946.

O Partido Republicano (PR) também atravessou mais de um período: o Império foi o primeiro deles; o segundo se deu com os múltiplos partidos republicanos estaduais, autônomos e inter-relacionados; e, em 1946, houve um retorno de sua parte mineira, mas longe do apelo que teve antes. Hoje, o PR não tem nada a ver com suas versões antigas.

Outro partido que sobreviveu por um tempo foi o Partido Socialista Brasileiro (PSB). Este, na República de 1946, não passava de uma agremiação familiar, centrada na figura de seu líder. Entretanto, após a redemocratização, consolidou-se como um partido médio, com bom desempenho no Nordeste. Por fim, o Partido Trabalhista Brasileiro (PTB) foi outro que retornou após rupturas. Diferentemente do período da República de 1946-1964, em que era um dos maiores partidos e com ideologia bem definida, sua nova roupagem se apresentou como um partido médio, sem identificação programática, cuja importância foi diminuindo durante toda a Nova República até desaparecer em 2023, quando se fundiu com um partido de extrema direita.

As duas primeiras formações partidárias – durante o Império e a República Velha – foram marcadas por um ambiente hostil aos partidos políticos, os quais se desenvolviam mais como clubes e alianças parlamentares do que como organizações modernas. O sistema imperial consistiu em um bipartidarismo em que os partidos Conservador e Liberal se revezavam no poder com a anuência do imperador, de modo a garantir a alternância das elites. Durante a Primeira República, porém, o revezamento deixou de ser feito por duas legendas e todas as disputas políticas eram travadas dentro de uma única agremiação – o país passou a ser uma federação de oligarquias regionais sob a bandeira de partidos republicanos estaduais.

Nesse contexto, a sociedade era apenas um acessório para os grupos dirigentes, sendo convocada somente para referendar as decisões já tomadas nos círculos políticos ou lhes fornecer um verniz democrático. As eleições nos dois períodos foram marcadas por um viés clientelista e coronelista, por fraudes constantes e pela baixa participação da população, em razão do elitismo dos mandachuvas da época.

Com o fim desses partidos em 1930, mudanças ocorreram antes do Estado Novo (1937-1945), que encerraria as atividades partidárias. A primeira novidade foi a criação do Tribunal Superior Eleitoral (TSE), idealizado para combater fraudes eleitorais e garantir maior lisura no processo eleitoral. Outra medida foi a adoção do sufrágio feminino em 1932 e a possibilidade de as mulheres concorrerem a cargos eletivos nas eleições gerais de 1934. Ainda nesse período, as organizações profissionais também passaram a eleger representantes para o Congresso Nacional, o que deu origem à formação de dois movimentos de massas: a ANL e a AIB.

A ANL uniu as classes operárias e contou com um grande contingente populacional sob a organização do PCB. A AIB se aproximou dos ideais nazifascistas e contou com o apoio – ou a anuência – do governo Vargas. Ambas influenciaram a política do período e tiveram suas atividades encerradas com o Estado Novo.

Foi apenas na República de 1946 que o país conheceu partidos políticos modernos e verdadeiramente nacionais. Esse período foi marcado pelo personalismo de suas lideranças e pelo crescente populismo. Inicialmente, o novo sistema partidário girou em torno da figura de Getúlio Vargas, com a formação de partidos que apoiavam o antigo ditador – além do já citado PTB, houve também o Partido Social Democrático (PSD) – e de outro que reunia os principais opositores, batizado de União Democrática Nacional (UDN).

O sistema atravessou algumas transformações importantes que culminaram com seu fim precoce. A bibliografia especializada não apresenta um consenso sobre esse término – existem, aliás, várias teses concorrentes sobre o tema. Uma delas trata da oposição entre grupos conservadorese grupos gerados por mudanças na estrutura socioeconômica da sociedade. No decorrer dos anos, principalmente na década de 1960, o conflito entre esses dois grupos se acentuou a ponto de gerar uma crise de paralisia decisória, em virtude das diferentes orientações entre o Executivo e o Legislativo, fato que acabou levando à ruptura com a democracia. Outra argumentação diz respeito à fraqueza dos partidos políticos do período, que acabaram distanciando-se da sociedade, aumentando os índices de fragmentação e a volatilidade partidária.

Durante o período da ditadura civil-militar, buscou-se a criação de um sistema que desse sustentação ao governo e fornecesse um verniz democrático ao regime. A opção dos militares por um sistema bipartidário não ocorreu somente por admiração ao sistema britânico ou como uma tentativa de emular o Partido Revolucionário Institucional (PRI) do México, mas como uma estratégia para controlar as elites políticas brasileiras e evitar a fragmentação do sistema.

Nesse caso, o governo autoritário optou por formar um sistema que unisse um partido do governo – a Aliança Renovadora Nacional (Arena) – e a oposição consentida – o Movimento Democrático Brasileiro (MDB). Em razão do artificialismo do sistema, os dois partidos encontraram dificuldades para se consolidarem na opinião pública e, após as eleições de 1974, os pleitos se tornaram plebiscitários, funcionando como um termômetro da situação do regime perante a sociedade.

Esse período foi marcado por reformas recorrentes na legislação eleitoral, de modo a garantir a hegemonia do partido governista. A questão plebiscitária também antecipou o fim do sistema, pois a oposição se encontrava em uma curva eleitoral ascendente. Para evitar uma derrota eleitoral durante o período de transição para a democracia, o governo optou por reestruturar o sistema partidário e autorizar o retorno ao pluripartidarismo. A estratégia era fragmentar a oposição e manter o domínio no Colégio Eleitoral.

O sistema político nacional tem raízes no sistema autoritário. Ao longo de sua trajetória, o sistema passou de multipartidário para multipartidário atomizado. Pela sua expansão, ele deixou de ser um sistema com poucos partidos, em 1980, para se tornar amplamente fragmentado.

Esse cenário criou uma situação em que os partidos políticos atuam mais de maneira pragmática do que programática, gerando um distanciamento maior em relação à sociedade e uma dependência crescente dos grupos de pressão e do organismo estatal.

Rodrigo Mayer

No entanto, as últimas reformas eleitorais e partidárias buscaram inibir a formação de novos partidos e dificultar a vida de partidos fisiológicos ao restringir o acesso aos recursos estatais por parte das legendas com certo desempenho eleitoral. Os efeitos iniciais das reformas foram o estabelecimento de fusões, incorporações e federações entre partidos, de forma a garantir a sobrevivência de algumas legendas.

Do mesmo modo, a estabilidade partidária que vinha desde a década de 1990 foi rompida com a radicalização da direita, o que levou ao declínio de forças tradicionais do campo – e até mesmo do centro – e à emergência de novos atores que conseguiram capitalizar o descontentamento da população com os principais partidos da Nova República.

O novo processo de realinhamento ainda está em curso e, provavelmente, vai demorar mais alguns anos para sabermos quais partidos se tornarão os principais, sobretudo quando se trata de partidos de centro e de direita, pois, no campo da esquerda, o PT continua sendo a força dominante.

O Brasil tem tradição política partidária, mas também tem o costume de substituir as organizações partidárias sempre que ocorrem trocas de governo. Cada etapa institucional brasileira apresenta um sistema partidário próprio que guarda poucas semelhanças – ou nenhuma – com seu antecessor.

Lista dos partidos políticos do Brasil

Império (1822-188)
PC – Partido Conservador
PL – Partido Liberal
PR – Partido Republicano

Primeira República (1889-1930) ou República Velha
AIB – Aliança Integralista Brasileira
ANL – Aliança Nacional Libertadora
PCB – Partido Comunista Brasileiro
PD – Partido Democrático
PR – Partido Republicano
PRC – Partido Republicano Conservador
PRF – Partido Republicano Feminino
PRF – Partido Republicano Fluminense
PRM – Partido Republicano Mineiro
PRP – Partido Republicano Paulista

Quarta República (1946-1964) ou República de 1946
MTR – Movimento Trabalhista Renovador
PCB – Partido Comunista Brasileiro
PDC – Partido Democrata Cristão
PL – Partido Libertador
PR – Partido Republicano
PRP – Partido de Representação Popular
PRT – Partido Revolucionário dos Trabalhadores
PSB – Partido Socialista Brasileiro
PSD – Partido Social Democrático
PSP – Partido Social Progressista
PST – Partido Social Trabalhista
PTB – Partido Trabalhista Brasileiro
PTN – Partido Trabalhista Nacional
UDN – União Democrática Nacional

Ditadura civil-militar (1964-1985)
Arena – Aliança Renovadora Nacional
MDB – Movimento Democrático Brasileiro
PDT – Partido Democrático Trabalhista
PMDB – Partido do Movimento Democrático Brasileiro
PP – Partido Popular
PT – Partido dos Trabalhadores
PTB – Partido Trabalhista Brasileiro

Sexta República ou Nova República (1985-)
Agir – antigo PTC
Avante – antigo PTdoB
Cidadania – antigo PPS
DEM – Democratas

MDB – Movimento Democrático Brasileiro (antigo PMDB)
PAN – Partido dos Aposentados da Nação
Patriota – antigo PEN
PCB – Partido Comunista Brasileiro
PCO – Partido da Causa Operária
PCdoB – Partido Comunista do Brasil
PDC – Partido Democrata Cristão
PDS – Partido Democrático Social
PDT – Partido Democrático Trabalhista
PEN – Partido Ecológico Nacional (atual PATRI)
PFL – Partido da Frente Liberal
PHS – Partido Humanista da Solidariedade
PL – Partido Liberal (antigo PR)
PMDB – Partido do Movimento Democrático Brasileiro (atual MDB)
PMN – Partido da Mobilização Nacional
Podemos – antigo PTN
PP – Partido Progressista
PPB – Partido Progressista Brasileiro
PPL – Partido Pátria Livre
PPR – Partido Progressista Renovador
PPS – Partido Popular Socialista
PR – Partido Republicano
PRB – Partido Republicano Brasileiro
PRN – Partido da Reconstrução Nacional
Prona – Partido da Reedificação da Ordem Nacional
Pros – Partido Republicano da Ordem Social
PRP – Partido Republicano Progressista
PRTB – Partido Renovador Trabalhista Brasileiro
PRS – Partido das Reformas Sociais
PSB – Partido Socialista Brasileiro

Rodrigo Mayer

PSC – Partido Social Cristão

PSD – Partido Social Democrático

PSDB – Partido da Social Democracia Brasileira

PSDC – Partido Social Democrata Cristão

PSL – Partido do Solidarismo Libertador

PSL – Partido Social Liberal

PSOL – Partido Socialismo e Liberdade

PST – Partido Social Trabalhista

PSTU – Partido Socialista dos Trabalhadores Unificados

PT – Partido dos Trabalhadores

PTdoB – Partido Trabalhista do Brasil (atual Avante)

PTB – Partido Trabalhista Brasileiro

PTC – Partido Trabalhista Cristão

PTN – Partido Trabalhista Nacional (atual Podemos)

PTR – Partido Trabalhista Renovador

PV – Partido Verde

Rede – Rede Solidariedade

Republicanos – antigo PRB

SD – Solidariedade

União – União Brasil

Referências

ABRANCHES, S. H. H. de. Presidencialismo de coalizão: o dilema institucional brasileiro. **Dados**, Rio de Janeiro, v. 31, n. 1, p. 5-34, 1988. Disponível em: <https://politica3unifesp.files.wordpress.com/2013/01/74783229-presidencialismo-de-coalizao-sergio-abranches.pdf>. Acesso em: 10 fev. 2024.

ALDRICH, J. H. **Why Parties?** A Second Look. Chicago: University of Chicago Press, 2011.

ALDRICH, J. H. **Why Parties?** The Origin and Transformation of Political Parties in America. Chicago: University of Chicago Press, 1995.

ALONSO, A. **Treze**: a política de rua de Lula a Dilma. São Paulo: Companhia das Letras, 2023.

ALVES, B. M. **Ideologia e feminismo**: a luta da mulher pelo voto no Brasil. Petrópolis: Vozes, 1980.

AMARAL, O. Adaptação e resistência: o PT no governo Lula entre 2003 e 2008. **Revista Brasileira de Ciência Política**, Brasília, n. 4, p. 105-134, jul./dez. 2010. Disponível em: <https://periodicos.unb.br/index.php/rbcp/article/view/1710>. Acesso em: 10 fev. 2024.

AMARAL, O. **As transformações na organização interna do Partido dos Trabalhadores entre 1995 e 2009**. São Paulo: Alameda, 2013.

AMES, B. **Os entraves da democracia no Brasil**. Tradução de Vera Pereira. Rio de Janeiro: FGV, 2003.

AUYERO, J. Clientelismo político en Argentina: doble vida y negación colectiva. **Perfiles Latinoamericanos**, n. 20, p. 33-52, jun. 2002. Disponível em: <http://perfilesla.flacso.edu.mx/index.php/perfilesla/article/view/304/257>. Acesso em: 14 jan. 2024.

AUYERO, J. (Comp.). **¿Favores por votos?** Estudios sobre clientelismo político contemporáneo. Buenos Aires: Losada, 1997.

AVRITZER, L. **O pêndulo da democracia**. São Paulo: Todavia, 2019.

BARRETO, A. A. de B. A representação das associações profissionais e os primeiros passos da Justiça Eleitoral (1932-1935). **Revista Brasileira de Ciência Política**, Brasília, n. 19, p. 221-252, jan./abr. 2016. Disponível em: <http://periodicos.unb.br/index.php/rbcp/article/view/18671/13403>. Acesso em: 14 jan. 2024.

BARROS, C. R. **PT, uma história**. São Paulo: Companhia das Letras, 2022.

BENEVIDES, M. V. de M. **A UDN e o udenismo**: ambiguidades do liberalismo brasileiro (1945-1965). Rio de Janeiro: Paz e Terra, 1981a.

BENEVIDES, M. V. de M. A União Democrática Nacional. In: FLEISCHER, D. V. (Org.). **Os partidos políticos no Brasil**. Brasília: Ed. da UnB, 1981b. p. 90-107. v. 1.

BENTIVOGLIO, J. Cultura política e consciência histórica no Brasil: uma contribuição ao debate historiográfico sobre a formação dos partidos políticos no Império. **Diálogos**, Maringá, v. 14, n. 3, p. 535-556, 2010. Disponível em: <https://www.redalyc.org/pdf/3055/305526882005.pdf>. Acesso em: 14 jan. 2024.

BERTOLLI FILHO, C. **A República Velha e a Revolução de 30**. São Paulo: Ática, 2003.

BIANCHI, A. Golpe de Estado: o conceito e sua história. In: PINHEIRO-MACHADO, R.; FEIXO, A. (Org.). **Brasil em transe**: bolsonarismo, nova direita e desdemocratização. Rio de Janeiro: Oficina Raquel, 2019. p. 50-62.

BIHR, A. Identité, inégalite, pugnacité. Courte sythèse sur l'idéologie d'extrême droite. **Raison Présente**, n. 99, p. 89-105, 1991.

BOLOGNESI, B.; RIBEIRO, E.; CODATO, A. Uma nova classificação ideológica dos partidos políticos brasileiros. **Dados**, Rio de Janeiro, v. 66, n. 2, p. 1-29, 2023. Disponível em: <https://www.scielo.br/j/dados/a/zzyM3gzHD4P45WWdytXjZWg/?format=pdf&lang=pt>. Acesso em: 27 jan. 2024.

BOURSEILLER, C. **La nouvelle extrême droite**. Monaco: Du Rocher, 2002.

BRAGA, M. do S. S. **O processo partidário-eleitoral brasileiro**: padrões de competição política (1982-2002). São Paulo: Humanitas; Fapesp, 2006.

BRAGA, M. do S. S.; PIMENTEL JR., J. Os partidos políticos brasileiros realmente não importam? **Opinião Pública**, Campinas, v. 17, n. 2, p. 271-303, nov. 2011. Disponível em: <http://www.scielo.br/pdf/op/v17n2/a01v17n2.pdf>. Acesso em: 27 jan. 2024.

BRASIL. Ato Complementar n. 4, de 20 de novembro de 1965. **Diário Oficial da União**, Poder Executivo, Brasília, DF, 22 nov. 1965a. Disponível em: <http://www.planalto.gov.br/ccivil_03/ACP/acp-004-65.htm>. Acesso em: 27 jan. 2024.

BRASIL. Ato Institucional n. 2, de 27 de outubro de 1965. **Diário Oficial da União**, Poder Executivo, Brasília, DF, 5 nov. 1965b. Disponível em: <http://www.planalto.gov.br/ccivil_03/ait/ait-02-65.htm>. Acesso em: 27 jan. 2024.

BRASIL. Ato Institucional n. 5, de 13 de dezembro de 1968. **Diário Oficial da União**, Poder Executivo, Brasília, DF, 13 dez. 1968. Disponível em: <http://www.planalto.gov.br/ccivil_03/ait/ait-05-68.htm>. Acesso em: 27 jan. 2024.

BRASIL. Constituição (1824). **Diário Oficial [da] República dos Estados Unidos do Brasil**, Rio de Janeiro, 22 abr. 1824. Disponível em: <http://www.planalto.gov.br/ccivil_03/constituicao/constituicao24.htm>. Acesso em: 27 jan. 2024 .

BRASIL. Constituição (1967). Emenda Constitucional n. 11, de 13 de outubro de 1978. **Diário Oficial da União**, Poder Legislativo, Brasília, DF, 17 out. 1978. Disponível em: <http://www.planalto.gov.br/ccivil_03/Constituicao/Emendas/Emc_anterior1988/emc11-78.htm>. Acesso em: 27 jan. 2024.

BRASIL. Decreto n. 3.029, de 9 de janeiro de 1881. **Collecção das Leis do Imperio do Brazil de 1881**. Rio de Janeiro: Typographia Nacional, 1882a. p. 1-28. Disponível em: <http://bd.camara.gov.br/bd/bitstream/handle/bdcamara/18668/colleccao_leis_1881_parte1.pdf?sequence=1>. Acesso em: 27 jan. 2024.

BRASIL. Decreto n. 7.981, de 20 de janeiro de 1881. **Collecção das Leis do Imperio do Brazil**, Poder Executivo, Rio de Janeiro, RJ, 1882b. p. 37-56. Disponível em: <http://bd.camara.gov.br/bd/bitstream/handle/bdcamara/18668/colleccao_leis_1881_parte2.pdf?sequence=2>. Acesso em: 27 jan. 2024.

BRASIL. Decreto-Lei n. 7.586, de 28 de maio de 1945. **Coleção de Leis do Brasil**, Poder Executivo, Rio de Janeiro, RJ, 31 dez. 1945. Disponível em: <http://www.planalto.gov.br/ccivil_03/decreto-lei/1937-1946/Del7586.htm>. Acesso em: 27 jan. 2024.

BRASIL. Lei n. 6.683, de 28 de agosto de 1979. **Diário Oficial da União**, Poder Executivo, Brasília, DF, 28 ago. 1979a. Disponível em: <http://www.planalto.gov.br/ccivil_03/leis/L6683.htm>. Acesso em: 27 jan. 2024.

BRASIL. Lei n. 6.767, de 20 de dezembro de 1979. **Diário Oficial da União**, Poder Legislativo, Brasília, DF, 20 dez. 1979b. Disponível em: <http://www.planalto.gov.br/ccivil_03/Leis/1970-1979/L6767.htm>. Acesso em: 27 jan. 2024.

CARONE, E. **Classes sociais e movimento operário**. São Paulo: Ática, 1989. (Série Fundamentos, 40).

CARVALHO, J. M. **A construção da ordem/Teatro de sombras**. 15. ed. Rio de Janeiro: Civilização Brasileira, 2021.

CARVALHO, J. M. **Cidadania no Brasil**: o longo caminho. 3. ed. Rio de Janeiro: Civilização Brasileira, 2002.

CASTRO GOMES, A. **A invenção do trabalhismo**. 3. ed. Rio de Janeiro: Ed. da FGV, 2005.

CHACON, V. **História dos partidos brasileiros**. Brasília: Ed. da UnB, 1981. (Coleção Temas Brasileiros).

COLOMBO, E. et al. **História do movimento operário revolucionário**. São Paulo: Imaginário; São Caetano do Sul: Imes, 2004.

COSER, I. O conceito de partido no debate político brasileiro 1820-1920. **Ler História**, v. 67, p. 107-127, 2014. Disponível em: <http://journals.openedition.org/lerhistoria/874>. Acesso em: 27 jan. 2024.

CROTTY, W. J. A Perspective for the Comparative Analysis of Political Parties. **Comparative Political Studies**, v. 3, n. 3, p. 267-296, Oct. 1970.

DALTON, R. J.; WATTENBERG, M. P. Partisan Change and the Democratic Process. In: DALTON, R. J.; WATTENBERG, M. P. (Ed.). **Parties Without Partisans**: Political Change in Advanced Industrial Democracies. Oxford: Oxford University Press, 2000. p. 261-284.

DIAS, R. P.; MAYER, R. A incubação da extrema-direita: a rede de financiamento do PSL nas eleições de 2018. **Revista de Sociologia e Política**, v. 29, n. 78, p. 1-19, 2021. Disponível em: <https://www.scielo.br/j/rsocp/a/7JgtYdw5zrz4qFzVs7PXJMJ/>. Acesso em: 27 jan. 2024.

DIP, A. Em nome de quem? A bancada evangélica e seu projeto de poder. Rio de Janeiro: Civilização Brasileira, 2019.

DOLHNIKOFF, M. **História do Brasil Império**. São Paulo: Contexto, 2022.

DOWNS, A. **Uma teoria econômica da democracia**. Tradução de Sandra Guardini Teixeira Vasconcelos. São Paulo: Edusp, 1999.

DUVERGER, M. **Os partidos políticos**. Tradução de Cristiano Monteiro Oiticica. Rio de Janeiro: J. Zahar; Brasília: Ed. da UNB, 1970.

FAORO, R. **Os donos do poder**: formação do patronato político brasileiro. Porto Alegre: Globo, 1958.

FAORO, R. **Os donos do poder**: formação do patronato político brasileiro. São Paulo: Companhia das Letras, 2021.

FAUSTO, B. **História do Brasil**. 3. ed. São Paulo: Edusp, 1995. (Coleção Didática, v. 1).

FAUSTO, B. Ideias engessadas. **O Estado de S.Paulo**, 14 ago. 2010. Caderno Aliás. Disponível em: <https://alias.estadao.com.br/noticias/geral,ideias-engessadas,595056>. Acesso em: 27 jan. 2024.

FERREIRA, D. P.; BATISTA, C. M.; STABILE, M. A evolução do sistema partidário brasileiro: número de partidos e votação no plano subnacional 1982-2006. **Opinião Pública**, Campinas, v. 14, n. 2, p. 432-453, nov. 2008. Disponível em: <http://www.scielo.br/pdf/op/v14n2/07.pdf>. Acesso em: 27 jan. 2024.

FIGUEIREDO, A. C.; LIMONGI, F. **Executivo e Legislativo na nova ordem constitucional**. Rio de Janeiro: Ed. da FGV/Fapesp, 1999.

FLEISCHER, D. A evolução do sistema partidário brasileiro. In: FLEISCHER, D. (Org.). **Os partidos políticos no Brasil**. Brasília: Ed. da UnB, 1981. p. 183-202. v. 1.

FOA, R. S.; MOUNK, Y. The Danger of Deconsolidation: the Democratic Disconnect. **Journal of Democracy**, v. 27, n. 3, p. 5-17, July 2016.

FOA, R. S.; MOUNK, Y. The End of the Consolidation Paradigm. **Journal of Democracy Web Exchange**, p. 1-27, 2017a.

FOA, R. S.; MOUNK, Y. The Signs of Deconsolidation. **Journal of Democracy**, Baltimore, v. 28, n. 1, p. 5-15, Jan. 2017b.

FRANCO, A. A. de M. **História e teoria dos partidos políticos no Brasil**. São Paulo: Alfa-Ômega, 1975.

FREIDENBERG, F.; LEVITSKY, S. Organización informal de los partidos en América Latina. **Desarrollo Economico**, v. 46, n. 184, p. 539-568, enero-marzo 2007.

GARCÍA-PELAYO, M. **El estado de partidos**. Madrid: Alianza, 1986.

GOODWIN, M. J. The Contemporary Radical Right: Past, Present and Future. **Political Studies Review**, v. 7, n. 3, p. 322-329, 2009.

GRAHAM, R. **Clientelismo e política no Brasil do século XIX**. Tradução de Celina Brandt. Rio de Janeiro: Ed. da UFRJ, 1997.

GRINBERG, L. **Partido político ou bode expiatório**: um estudo sobre a Aliança Renovadora Nacional (Arena),1965-1979. Rio de Janeiro: Mauad X; Faperj, 2009.

GROHMANN, L. G. M. A separação de poderes em países presidencialistas: a América Latina em perspectiva comparada. **Revista de Sociologia e Política**, n. 17, p. 75-106, nov. 2001. Disponível em: <https://revistas.ufpr.br/rsp/article/view/3598/2855>. Acesso em: 14 jan. 2024.

GUARNIERI, F. A força dos partidos "fracos". **Dados**, Rio de Janeiro, v. 54, n. 1, p. 235-258, 2011.

GUIMARÃES, A. R. S.; RODRIGUES, M. R.; BRAGA, R. de J. A oligarquia desvendada: organização e estrutura dos partidos políticos brasileiros. **Dados**, Rio de Janeiro, v. 62, n. 2, p. 1-41, 2019. Disponível em: <https://www.scielo.br/j/dados/a/SWbrK5J4JgRb39GqKsXhZ6d/?format=pdf&lang=pt>. Acesso em: 14 jan. 2024.

GUIZOT, F. **Histoire de la civilisation en Europe**. Paris: Hachette BNF, 2012.

GUNTHER, R.; DIAMOND, L. Species of Political Parties: a New Typology. **Party Politics**, v. 9, n. 2, p. 167-199, Mar. 2003. Disponível em: <http://www.olemiss.edu/courses/pol628/guntherdiamond03.pdf>. Acesso em: 14 jan. 2024.

HAHNER, J. E. **Emancipação do sexo feminino**: a luta pelos direitos da mulher no Brasil, 1850-1940. Florianópolis: Ed. Mulheres; Santa Cruz do Sul: Edunisc, 2003.

HIPPOLITO, L. **De raposas e reformistas**: o PSD e a experiência democrática brasileira (1945-64). 2. ed. Rio de Janeiro: Nova Fronteira, 2012.

HOCHSTETLER, K. Rethinking Presidentialism: Challenges and Presidential Falls in South America. **Comparative Politics**, v. 38, n. 4, p. 401-418, July 2006.

HOLANDA, S. B. de. **Raízes do Brasil**. São Paulo: Companhia das Letras, 2005.

IGNAZI, P. **Extreme Right Parties in Western Europe**. Oxford: Oxford University Press, 2003.

IGNAZI, P. The Silent Counter-Revolution: Hypotheses on the Emergence of Extreme Right-Wing Parties in Europe. **European Journal of Political Research**, v. 22, n. 1, p. 3-34, 1992.

JORGE, V. L.; FARIA, A. M. T.; SILVA, M. G. Posicionamento dos partidos políticos brasileiros na escala esquerda-direita: dilemas metodológicos e revisão da literatura. **Revista Brasileira de Ciência Política**, n. 33, p. 1-44, 2020. Disponível em: <https://www.scielo.br/j/rbcpol/a/XNBnwhWwbSsMPFrj4zmHQsG/>. Acesso em: 14 jan. 2024.

KALTWASSER, C. R. La derecha en América Latina y su lucha contra la adversidad. **Nueva Sociedad**, n. 254, p. 34-45, dic. 2014. Disponível em: <https://nuso.org/articulo/la-derecha-en-america-latina-y-su-lucha-contra-la-adversidad/>. Acesso em: 14 jan. 2024.

KATZ, R. S.; MAIR, P. Changing Models of Party Organization and Party Democracy: the Emergence of the Cartel Party. **Party Politics**, v. 1, n. 1, p. 5-28, Jan. 1995.

KATZ, R.; MAIR, P. The Ascendancy of the Party in Public Office: Party Organizational Change in Twentieth-Century Democracies. In: GUNTHER, R.; MONTERO, J. R.; LINZ, J. J. (Ed.). **Political Parties**: Old Concepts and New Challenges. Oxford: Oxford University Press, 2009. p. 113-135.

KECK, M. E. **PT**: a lógica da diferença – o partido dos trabalhadores na construção da democracia brasileira. São Paulo: Ática, 1991.

KEY JR., V. O. **Política, partidos y grupos de presion**. Madrid: Instituto de Estudios Políticos, 1962.

KINZO, M. D. G. **Oposição e autoritarismo**: gênese e trajetória do MDB (1966-1979). Tradução de Heloisa Perrone Attuy. São Paulo: Idesp/Vértice, 1988. (Coleção História Eleitoral do Brasil).

KINZO, M. D. G. **Radiografia do quadro partidário brasileiro**. São Paulo: Fundação Konrad-Adenauer-Stiftung, 1993.

KIRCHHEIMER, O. The Transformation of the Western European Party Systems. In: LAPALOMBARA, J.; WEINER, M. (Ed.). **Political Parties and Political Development (SPD-6)**. Princeton: Princeton University Press, 1966. p. 177-200.

KOOLE, R. Cadre, Catch-all or Cartel? A Comment on the Notion of the Cartel Party. **Party Politics**, v. 2, n. 4, p. 507-523, Oct. 1996.

LAMOUNIER, B. **Partidos e utopias**: o Brasil no limiar dos anos 90. São Paulo: Loyola, 1989. (Coleção Temas Brasileiros, v. 7).

LAMOUNIER, B.; MENEGUELLO, R. **Partidos políticos e consolidação democrática**: o caso brasileiro. São Paulo: Brasiliense, 1986.

LAPALOMBARA, J. **A política no interior das nações**. Tradução de Marilu Seixas Correa e Oswaldo Biato. Brasília: Ed. da UnB, 1982. (Série Pensamento Político, 60).

LAPALOMBARA, J.; WEINER, M. The Origin and Development of Political Parties. In: LAPALOMBARA, J.; WEINER, M. (Ed.). **Political Parties and Political Development**. Princeton: Princeton University Press, 1966. p. 3-42.

LAQUEUR, W. **Fascism**: Past, Present, Future. New York: Oxford University Press, 1996.

LAVAREDA, A. **A democracia nas urnas**: o processo partidário eleitoral brasileiro – 1945-1964. Rio de Janeiro: Iuperj; Rio Fundo, 1991.

LAWSON, K.; MERKL, P. Alternative Organizations: Environmental, Suplementary, Communitarian, and Antiauthoritarian. In: LAWON, K.; MERKL, P. (Ed.). **When Parties Fail**: Emerging Alterative Organizations. Princeton: Princeton University Press, 1988. p. 3-12.

LAZZARATO, M. **Fascismo ou revolução?** O neoliberalismo em chave estratégica. Tradução de Takashi Wakamatsu e Fernando Scheibe. São Paulo: N-1 Edições, 2019.

LEAL, V. N. **Coronelismo, enxada e voto**: o município e o regime representativo no Brasil. 4. ed. São Paulo: Companhia das Letras, 2012.

LIJPHART, A. **Modelos de democracia**: desempenho e padrões de governo em 36 países. Tradução de Roberto Franco. Rio de Janeiro: Civilização Brasileira, 2003.

LIMA JÚNIOR, O. B. Evolução e crise do sistema partidário brasileiro: as eleições legislativas estaduais de 1947 a 1962. In: FLEISCHER, D. (Org.). **Os partidos políticos no Brasil**. Brasília: Ed. da UnB, 1981. p. 24-45. v. 1.

LIMONGI, F. **Operação impeachment**: Dilma Rousseff e o Brasil da Lava Jato. São Paulo: Todavia, 2023.

LIMONGI, F.; FIGUEIREDO, A. C. A crise atual e o debate institucional. **Novos Estudos CEBRAP**, v. 36, n. 3, p. 79-97, nov. 2017. Disponível em: <https://www.scielo.br/j/nec/a/KBxnHhZWWCPJ5zgJwKTTzSK/abstract/?lang=pt>. Acesso em: 14 jan. 2024.

LINZ, J. J.; STEPAN, A. **A transição e consolidação da democracia**: a experiência do Sul da Europa e da América do Sul. Tradução de Patrícia de Queiroz Carvalho Zimbres. São Paulo: Paz e Terra, 1999.

LÓPEZ-SEGRERA, F. **América Latina, crisis del posneoliberalismo y ascenso de la nueva derecha**. Ciudad Autónoma de Buenos Aires: Clacso, 2016.

LOVE, J. **A locomotiva**: São Paulo na federação brasileira, 1889-1937. Tradução de Vera Alice Cardoso da Silva. Rio de Janeiro: Paz e Terra, 1982.

MADISON, J.; HAMILTON, A.; JAY, J. **Os artigos federalistas**: 1787-1788. Tradução de Maria Luiza X. de A. Borges. Rio de Janeiro: Nova Fronteira, 1993.

MAINWARING, S. Democracia presidencialista multipartidária: o caso do Brasil. Tradução de Álvaro de Vita. **Lua Nova**, São Paulo, n. 28-29, p. 21-74, abr. 1993. Disponível em: <http://www.scielo.br/scielo.php?script=sci_arttext&pid=S0102-64451993000100003>. Acesso em: 14 jan. 2024.

MAINWARING, S. (Ed.). **Party Systems in Latin America**: Institutionalization, Decay, and Collapse. Cambridge: Cambridge University Press, 2018.

MAINWARING, S. Party System Institutionalization, Party Collapse and Party Building. **Government and Opposition**, v. 51, n. 4, p. 691-716, Aug. 2016.

MAINWARING, S. **Sistemas partidários em novas democracias**: o caso do Brasil. Tradução de Vera Pereira. Porto Alegre: Mercado Aberto; Rio de Janeiro: Ed. da FGV, 2001.

MAINWARING, S.; MENEGUELLO, R.; POWER, T. **Partidos conservadores no Brasil contemporâneo**: quais são, o que defendem, quais são suas bases. Tradução de Valéria Carvalho Power. São Paulo: Paz e Terra, 2000.

MAINWARING, S.; SCULLY, T. R. La institucionalización de los sistemas de partidos en la América Latina. **Revista de Ciência Política**, v. 17, n. 1-2, p. 63-98, 1995.

MAINWARING, S.; TORCAL, M. La institucionalización de los sistemas de partidos y la teoría del sistema partidista después de la tercera ola democratizadora. **América Latina Hoy**, v. 41, p. 141-173, 2005. Disponível em: <http://revistas.usal.es/index.php/1130-2887/article/view/2442/2491>. Acesso em: 14 jan. 2024.

MAINWARING, S.; ZOCO, E. Secuencias políticas y estabilización de la competencia partidista: volatilidad electoral en viejas y nuevas democracias. **America Latina Hoy**, n. 46, p. 147-171, 2007. Disponível em: <http://revistas.usal.es/index.php/1130-2887/article/view/2459/2508>. Acesso em: 14 jan. 2024.

MANIN, B. A democracia do público reconsiderada. Tradução de Otacílio Nunes. **Novos Estudos CEBRAP**, São Paulo, n. 97, p. 115-127, nov. 2013. Disponível em: <http://www.scielo.br/pdf/nec/n97/08.pdf>. Acesso em: 14 jan. 2024.

MANIN, B. As metamorfoses do governo representativo. Tradução de Vera Pereira. **Revista Brasileira de Ciências Sociais**, v. 10, n. 29, p. 5-34, out. 1995.

MARQUES, J. R.; FLEISCHER, D. V. **De facção a partido**: a fundação e evolução do PSDB, 1987-1998. Brasília: Instituto Teotônio Vilela, 1999.

MARTÍNEZ GONZÁLEZ, V. H. Partidos políticos: un ejercício de clasificación teórica. **Perfiles Latinoamericanos**, v. 17, n. 33, p. 39-63, enero/jun. 2009. Disponível em: <https://www.scielo.org.mx/scielo.php?script=sci_arttext&pid=S0188-76532009000100002&lng=es&nrm=iso&tlng=es>. Acesso em: 14 jan. 2024.

MASSIMO, L. Fundadores de jornais e dirigentes partidários: recursos estratégicos para a competição oligárquica na biografia dos senadores brasileiros. **Estudos Históricos**, Rio de Janeiro, v. 35, n. 75, p. 46-71, jan./abr. 2022. Disponível em: <https://bibliotecadigital.fgv.br/ojs/index.php/reh/article/view/84663/80635>. Acesso em: 14 jan. 2024.

MATTOS, I. R. **O tempo saquarema**: a formação do Estado imperial. São Paulo: Hucitec, 1987.

MAYER, R. A regulação dos partidos políticos do Cone Sul. **Leviathan**, São Paulo, n. 10, p. 41-58, 2015. Disponível em: <https://www.revistas.usp.br/leviathan/article/view/132367/128511>. Acesso em: 14 jan. 2024.

MAYER, R. Crise de identidade ou reposicionamento da marca? As mudanças de nomes dos atuais partidos políticos brasileiros. **Revista Populus**, n. 12, p. 125-143, jun. 2022. Disponível em: <https://eje.tre-ba.jus.br/mod/page/view.php?id=4639>. Acesso em: 14 jan. 2024.

MAYER, R. **Os partidos como organizações**: um estudo comparado do PSDB e PT. 87 f. Dissertação (Mestrado em Ciência Política) – Universidade Federal do Paraná, Curitiba, 2011. Disponível em: <https://acervodigital.ufpr.br/handle/1884/26135>. Acesso em: 10 fev. 2024.

MAYER, R. **Padrões de organizações partidárias**: 42 partidos políticos latino-americanos em perspectiva comparada. 296 f. Tese (Doutorado em Ciência Política) – Universidade Federal do Rio Grande do Sul, Porto Alegre, 2017. Disponível em: <http://www.lume.ufrgs.br/handle/10183/168853>. Acesso em: 10 fev. 2024.

MAYER, R. Partidos políticos latino-americanos: padrões organizativos. **Forum**, n. 16, p. 13-38, jul./dez. 2019. Disponível em: <https://revistas.unal.edu.co/index.php/forum/article/view/78173/81608>. Acesso em: 10 fev. 2024.

MEDINA, J. A. Elementos teóricos para el análisis contemporáneo de los partidos políticos: un reordenamiento del campo semántico. In: CAVAROZZI, M.; MEDINA, J. A. (Ed.). **El asedio a la política**: los partidos latinoamericanos en la era neoliberal. Rosário: Homo Sapiens, 2002. p. 33-54.

MENEGUELLO, R. **PT**: a formação de um partido (1979-1982). São Paulo: Paz e Terra, 1989.

MICHELS, R. **Para uma sociologia dos partidos políticos na democracia moderna**. Tradução de José M. Justo. Lisboa: Antígona, 2001.

MIGUEL, L. F. A reemergência da direita brasileira. In: GALLEGO, E. S. (Org.). **O ódio como política**: a reinvenção das direitas no Brasil. São Paulo: Boitempo, 2018. p. 17-26.

MIGUEL, L. F. **O colapso da democracia no Brasil**: da Constituição ao Golpe de 2016. São Paulo: Fundação Rosa Luxemburgo; Expressão Popular, 2019.

MOTTA, R. P. S. A formação do MDB e a influência do quadro partidário anterior. **Revista Sociologia e Política**, n. 6-7, p. 201-212, 1996. Disponível em: <https://revistas.ufpr.br/rsp/article/view/39350/24166>. Acesso em: 27 jan. 2024.

MOTTA, R. P. S. **Introdução à história dos partidos políticos brasileiros**. 2. ed. Belo Horizonte: Ed. da UFMG, 2008.

MUDDE, C. **A extrema direita hoje**. Rio de Janeiro: Eduerj, 2022.

MUDDE, C. **The Ideology of the Extreme Right**. Manchester, UK: Manchester University Press, 2000.

NEEDELL, J. D. **The Party of Order**: the Conservatives, the State, and Slavery in the Brazilian Monarchy, 1831-1871. Stanford: Stanford University Press, 2006.

NEUMANN, S. Toward a Comparative Study of Political Parties. In: NEUMANN, S. (Ed.). **Modern Political Parties**: Approaches to Comparative Politics. Chicago: University of Chicago Press, 1956. p. 395-421.

NICOLAU, J. M. **Multipartidarismo e democracia**: um estudo sobre o sistema partidário brasileiro (1985-94). Rio de Janeiro: Ed. da FGV, 1996.

NICOLAU, J. M. **O Brasil dobrou à direita**: uma radiografia da eleição de Bolsonaro em 2018. Rio de Janeiro: Zahar, 2020.

NICOLAU, J. M. (Org.). **Dados eleitorais do Brasil (1982-1996)**. Rio de Janeiro: Revan, 1998.

NICOLAU, J. M. Partidos na República de 1946: velhas teses, novos dados. **Dados**, Rio de Janeiro, v. 47, n. 1, p. 85-129, 2004. Disponível em: <http://www.scielo.br/pdf/dados/v47n1/a03v47n1.pdf>. Acesso em: 27 jan. 2024.

NICOLAU, J. M. Parties and Democracy in Brazil, 1985-2006: Moving toward Cartelization. In: LAWSON, K.; LANZARO, J. (Ed.). **Political Parties and Democracy**. Westport: Praeger, 2010. p. 101-126. v. 1: The Americas.

NOBRE, M. **Imobilismo em movimento**: da abertura democrática ao governo Dilma. São Paulo: Companhia das Letras, 2013.

NOBRE, M. **Limites da democracia**: de junho de 2013 ao governo Bolsonaro. São Paulo: Todavia, 2022.

NOHLEN, D. (Ed.). **Elections in the Americas**: a Data Handbook. Oxford: Oxford University Press, 2005a. v. 1: North America, Central America, and the Carribbean.

NOHLEN, D. (Ed.). **Elections in the Americas**: a Data Handbook. Oxford: Oxford University Press, 2005b. v. 2: South America.

NOHLEN, D.; STÖVER, P. (Ed.). **Elections in Europe**: a Data Handbook. Baden-Baden: Nomos, 2010.

NUNES, F.; MELO, C. R. Impeachment, Political Crisis and Democracy in Brazil. **Revista de Ciência Política**, Santiago v. 37, n. 2, p. 281-304, 2017. Disponível em: <https://scielo.conicyt.cl/pdf/revcipol/v37n2/0718-090X-revcipol-37-02-0281.pdf>. Acesso em: 27 jan. 2024.

O'DONNELL, G. Transição democrática e políticas sociais. **Revista de Administração Pública**, Rio de Janeiro, v. 21, n. 4, p. 9-16, out./dez. 1987. Disponível em: <http://bibliotecadigital.fgv.br/ojs/index.php/rap/article/download/9565/8616>. Acesso em: 27 jan. 2024.

OLIVEIRA, L. O Partido Social Democrático. In: FLEISCHER, D. (Org.). **Os partidos políticos no Brasil**. Brasília: Ed. da UnB, 1981. p. 108-114. v. 1.

OSTROGORSKI, M. **Democracy and the Organization of Political Parties**. London: Forgotten Books, 2012. v. 1: England.

OSTROGORSKI, M. **La democracia y los partidos políticos**. Madrid: Trotta, 2008.

PALMA, E. Political Parties and Democratization in Mexico: the Endless Chain of Electoral Reforms. In: LAWSON, K.; LANZARO, J. (Ed.). **Political Parties and Democracy**. Westport: Praeger, 2010. p. 149-171. v. 1: The Americas.

PANEBIANCO, A. **Modelos de partido**: organização e poder nos partidos políticos. Tradução de Denise Agostinetti. São Paulo: M. Fontes, 2005.

PEDERSEN, M. N. The Dynamics of European Party Systems: Changing Patterns of Electoral Volatility. **European Journal of Political Research**, v. 7, n. 1, p. 1-26, Mar. 1979.

PERES, P. S. Revisitando a "teoria geral" dos partidos políticos de Maurice Duverger. **Revista Brasileira de Informação Bibliográfica em Ciências Sociais**, São Paulo, n. 68, p. 17-58, jul./dez. 2009. Disponível em: <https://bibanpocs.emnuvens.com.br/revista/article/view/332>. Acesso em: 8 fev. 2024.

PÉREZ-LIÑÁN, A. Impeachment or Backsliding? Threats to Democracy in the Twenty-First Century. **Revista Brasileira de Ciências Sociais**, v. 33, n. 98, p. 1-15, 2018. Disponível em: <https://www.scielo.br/j/rbcsoc/a/5fNc9G8V36HhP8c4NQYjtxK/?lang=en>. Acesso em: 8 fev. 2024.

PÉREZ-LIÑÁN, A. **Presidential Impeachment and the New Political Instability in Latin America**. Cambridge: Cambridge University Press, 2007.

PERISSINOTTO, R. M.; MASSIMO, L.; COSTA, L. D. Oligarquia competitiva e profissionalização política: o caso dos senadores brasileiros na Primeira República (1889-1934). **Dados**, Rio de Janeiro, v. 60, n. 1, p. 79-110, 2017. Disponível em: <https://www.scielo.br/j/dados/a/Jyz3wf5hvTt8GfdmPxhNDkm/>. Acesso em: 8 fev. 2024.

PINHEIRO-MACHADO, R. **Amanhã vai ser maior**: o que aconteceu com o Brasil e possíveis rotas de fuga para a crise atual. São Paulo: Planeta Brasil, 2019.

PIRES, A. G. **Eleições presidenciais na Primeira República**: uma abordagem estatística. Salvador: Tipografia São Judas Tadeu, 1995.

RASHKOVA, E. R.; VAN BIEZEN, I. The Legal Regulation of Political Parties: Contesting or Promoting Legitimacy? **International Political Science Review**, v. 35, n. 3, p. 265-274, May 2014.

RIBEIRO, P. F. El modelo de partido cartel y el sistema de partidos de Brasil. **Revista de Ciência Política**, Santiago, v. 33, n. 3, p. 607-629, 2013a. Disponível em: <https://scielo.conicyt.cl/pdf/revcipol/v33n3/art02.pdf>. Acesso em: 27 jan. 2024.

RIBEIRO, P. F. Organização e poder nos partidos brasileiros: uma análise dos estatutos. **Revista Brasileira de Ciência Política**, Brasília, n. 10, p. 225-265, jan./abr. 2013b. Disponível em: <http://www.scielo.br/pdf/rbcpol/n10/07.pdf>. Acesso em: 27 jan. 2024.

RICCI, P. Partidos, competição política e fraudes eleitorais. In: RICCI, P. (Org.). **As eleições na Primeira República**: 1889-1930. Brasília: TSF, 2021. p. 43-49. Disponível em: <https://www.tse.jus.br/hotsites/catalogo-publicacoes/pdf/as-eleicoes-na-primeira-republica.pdf>. Acesso em: 14 jan. 2024.

RICCI, P.; ZULINI, J. P. Partidos, competição política e fraude eleitoral: a tônica das eleições na Primeira República. **Dados**, Rio de Janeiro, v. 57, n. 2, p. 443-479, 2014. Disponível em: <http://www.scielo.br/pdf/dados/v57n2/a06v57n2.pdf>. Acesso em: 14 jan. 2024.

ROMA, C. A institucionalização do PSDB entre 1988 e 1999. **Revista Brasileira de Ciências Sociais**, v. 17, n. 49, p. 71-92, jun. 2002. Disponível em: <http://www.scielo.br/pdf/rbcsoc/v17n49/a06v1749.pdf>. Acesso em: 10 fev. 2024.

ROSANVALLON, P. **O liberalismo econômico**: história da ideia de mercado. Tradução de Antonio Penalves Rocha. Bauru: Edusc, 2002.

ROSE, R.; MACKIE, T. T. Do Parties Persist or Fail? The Big Trade-Off Facing Organizations. In: LAWSON, K.; MERKL, P. H. (Ed.). **When Parties Fail**: Emerging Alternative Organizations. Princeton: Princeton University Press, 1988. p. 533-558.

RUCHT, D. Parties, Associations, and Movements as Systems of Political Interest Mediation. In: THESING, J.; HOLFMEISTER, W. (Ed.). **Political Parties in Democracy**. Sankt Augustin: Konrad-Adenauer-Stiftung, 1995. p. 103-125.

SALLES, R. Escravidão e política no Império. **História, Ciências, Saúde – Manguinhos**, Rio de Janeiro, v. 15, n. 1, p. 231-235, jan./mar. 2008. Disponível em: <https://www.scielo.br/j/hcsm/a/Bmrvmm393GsdfTcjq4h4GMs/?format=pdf&lang=pt>. Acesso em: 14 jan. 2024.

SAMPAIO, R. O Partido Social Progressista. In: FLEISCHER, D. (Org.). **Os partidos políticos no Brasil**. Brasília: Ed. da UnB, 1981. p. 171-182. v. 1.

SAMUELS, D. The Political Logic of Decentralization in Brazil. In: MONTERO, A. P.; SAMUELS, D. J. (Ed.). **Decentralization and Democracy in Latin America**. Notre Dame: University of Notre Dame Press, 2004. p. 67-93.

SANTOS, W. G. dos. **A democracia impedida**: o Brasil no século XXI. Rio de Janeiro: Ed. da FGV, 2017.

SANTOS, W. G. dos. **Sessenta e quatro**: anatomia da crise. São Paulo: Vértice, 1986. (Coleção Grande Brasil Veredas, v. 1).

SARTORI, G. **Partidos y sistemas de partidos**. 2. ed. Madrid: Alianza, 2012.

SARTORI, G. Party Types, Organization and Functions. **West European Politics**, v. 28, n. 1, p. 5-32, Jan. 2005.

SCHMITT, R. A. **Partidos políticos no Brasil (1945-2000)**. Rio de Janeiro: J. Zahar, 2000. (Coleção Descobrindo o Brasil).

SEILER, D.-L. **Os partidos políticos**. Tradução de Renata Maria Parreira Cordeiro. Brasília: Ed. da UnB; São Paulo: Imprensa Oficial do Estado, 2000.

SENADO FEDERAL. **Senado aprova cláusula de barreira a partir de 2018 e fim de coligação para 2020**. Brasília, 3 out. 2017. Disponível em: <https://www12.senado.leg.br/noticias/materias/2017/10/03/aprovado-fim-das-coligacoes-em-eleicoes-proporcionais-a-partir-de-2020>. Acesso em: 27 jan. 2024.

SHARP, G.; JENKINS, B. **O antigolpe**. Curitiba: Instituto Atuação, 2017.

SOARES, G. A. D. **A democracia interrompida**. Rio de Janeiro: Ed. da FGV, 2001.

SOARES, G. A. D. Formação dos partidos nacionais. In: FLEISCHER, D. (Org.). **Os partidos políticos no Brasil**. Brasília: Ed. da UnB, 1981. p. 7-24. v. 1.

SOUZA, M. do C. C. de. **Estado e partidos políticos no Brasil (1930 a 1964)**. São Paulo: Alfa-Ômega, 1976.

STANLEY, J. **Como funciona o fascismo**: a política do "nós" e "eles". 5. ed. Porto Alegre: L&PM, 2020.

STRØM, K.; MÜLLER, W. C. Political Parties and Hard Choices. In: STRØM, K.; MÜLLER, W. C. (Ed.). **Policy, Office, or Votes?** How Political Parties in Western Europe Make Hard Decisions. Cambridge: Cambridge University Press, 1999. p. 1-35.

TAROUCO, G. da S. Institucionalização partidária no Brasil (1982-2006). **Revista Brasileira de Ciência Política**, Brasília, n. 4, p. 169-186, jul./dez. 2010. Disponível em: <https://periodicos.unb.br/index.php/rbcp/article/view/1716>. Acesso em: 27 jan. 2024.

TAROUCO, G. da S. **O Partido da Frente Liberal**: trajetória e papel no sistema político. 158 f. Dissertação (Mestrado em Ciência Política) – Universidade Estadual de Campinas, Campinas, 1999. Disponível em: <http://repositorio.unicamp.br/Acervo/Detalhe/170943>. Acesso em: 27 jan. 2024.

TAROUCO, G. da S.; MADEIRA, R. M. Os partidos brasileiros segundo seus estudiosos: análise de um expert survey. **Civitas**, Porto Alegre, v. 15, n. 1, p. 24-39, jan./mar. 2015. Disponível em: <https://revistaseletronicas.pucrs.br/ojs/index.php/civitas/article/view/18077/pdf_20>. Acesso em: 27 jan. 2024.

TAROUCO, G. da S.; MADEIRA, R. M. Partidos, programas e o debate sobre esquerda e direita no Brasil. **Revista de Sociologia e Política**, Curitiba, v. 21, n. 45, p. 149-165, mar. 2013. Disponível em: <http://www.scielo.br/pdf/rsocp/v21n45/a11v21n45.pdf>. Acesso em: 10 fev. 2024.

TAVARES, J. A. G. **A estrutura do autoritarismo brasileiro**. Porto Alegre: Mercado Aberto, 1982.

TORMEY, S. **Populismo**: uma breve introdução. São Paulo: Cultrix, 2019.

TRINDADE, H. **Integralismo**: o fascismo brasileiro na década de 30. São Paulo: Difel; Porto Alegre: Ed. da UFRGS, 1974.

TSE – Tribunal Superior Eleitoral. **Eleições 1994**. Disponível em: <http://www.tse.jus.br/eleicoes/eleicoes-anteriores/eleicoes-1994/eleicoes-1994>. Acesso em: 10 fev. 2024a.

TSE – Tribunal Superior Eleitoral. **Eleições 1998**. Disponível em: <http://www.tse.jus.br/eleicoes/eleicoes-anteriores/eleicoes-1998/eleicoes-1998>. Acesso em: 10 fev. 2024b.

TSE – Tribunal Superior Eleitoral. **Eleições 2002**. Disponível em: <http://www.tse.jus.br/eleicoes/eleicoes-anteriores/eleicoes-2002/eleicoes-2002>. Acesso em: 10 fev. 2024c.

TSE – Tribunal Superior Eleitoral. **Eleições 2006**. Disponível em: <http://www.tse.jus.br/eleicoes/eleicoes-anteriores/eleicoes-2006/eleicoes-2006>. Acesso em: 10 fev. 2024d.

TSE – Tribunal Superior Eleitoral. **Eleições 2010**. Disponível em: <http://www.tse.jus.br/eleicoes/eleicoes-anteriores/eleicoes-2010/eleicoes-2010>. Acesso em: 10 fev. 2024e.

TSE – Tribunal Superior Eleitoral. **Eleições 2022**: entenda as principais diferenças entre federações partidárias e coligações. 22 set. 2023a. Disponível em: <https://www.tse.jus.br/comunicacao/noticias/2022/Janeiro/eleicoes-2022-entenda-as-principais-diferencas-entre-federacoes-partidarias-e-coligacoes>. Acesso em: 10 fev. 2024.

TSE – Tribunal Superior Eleitoral. **Informações sobre as eleições**: Eleições 2014. Disponível em: <http://www.tse.jus.br/eleicoes/eleicoes-anteriores/eleicoes-2014/eleicoes-2014>. Acesso em: 10 fev. 2024f.

TSE – Tribunal Superior Eleitoral. **Partidos políticos registrados no TSE**. 2023b. Disponível em: <https://www.tse.jus.br/partidos/partidos-registrados-no-tse>. Acesso em: 27 jun. 2023.

TSE – Tribunal Superior Eleitoral. **Resultados – 2018**. Disponível em: <https://dadosabertos.tse.jus.br/dataset/resultados-2018>. Acesso em: 10 fev. 2024g.

TSE – Tribunal Superior Eleitoral. **Resultados – 2022**. Disponível em: <https://dadosabertos.tse.jus.br/dataset/resultados-2022>. Acesso em: 10 fev. 2024h.

TSE – Tribunal Superior Eleitoral. **TSE aprova alteração e Partido Trabalhista Cristão passa a se chamar Agir**. 11 ago. 2022. Disponível em: <https://www.tse.jus.br/comunicacao/noticias/2022/Marco/tse-aprova-alteracao-e-partido-trabalhista-cristao-passa-a-se-chamar-agir> Acesso em: 10 fev. 2024.

VAN BIEZEN, I. Sobre o equilíbrio interno do poder: as organizações partidárias nas novas democracias. Tradução de Manuela Pena Gomes. **Análise Social**, v. 33, n. 148, p. 685-708, 1998. Disponível em: <https://bibliotecadigital.tse.jus.br/xmlui/handle/bdtse/4339>. Acesso em: 27 jan. 2024.

VAN BIEZEN, I.; MOLENAAR, F. The Europeanisation of Party Politics? Competing Regulatory Paradigms at the Supranational Level. **West European Politics**, v. 35, n. 3, p. 632-656, 2012.

VAN BIEZEN, I.; RASHKOVA, E. R. Deterring New Party Entry? The Impact of State Regulation on the Permeability of Party Systems. **Party Politics**, v. 20, n. 6, p. 890-903, Nov. 2014.

VON BEYME, K. **La clase política en el Estado de partidos**. Madrid: Alianza, 1993.

VON BEYME, K. **Political Parties in Western Democracies**. New York: St. Martin Press, 1985.

VON BEYME, K. Right-Wing Extremism in Post-War Europe. **West European Politics**, v. 11, n. 2, p. 1-18, 1988.

WARE, A. Exceptionalism, Political Science and the Comparative Analysis of Political Parties. **Government and Opposition**, v. 46, n. 4, p. 411-435, Sept. 2011.

WARE, A. **Partidos políticos y sistemas de partidos**. Madrid: Istmo, 2004.

WEBER, M. **Ciência e política**: duas vocações. Tradução de Octanny Silveira da Mota e Leonidas Hegenberg. São Paulo: Cultrix, 2011.

WEBER, M. **Ensaios de sociologia**. Tradução de Waltensir Dutra. 5. ed. Rio de Janeiro: LTC, 2002.

WEFFORT, F. **O populismo na política brasileira**. 5. ed. Rio de Janeiro: Paz e Terra, 2003.

WEFFORT, F. C. (Org.). **Os clássicos da política**. São Paulo: Ática, 1989.

WOLINETZ, S. Beyond the Catch-All Party: Approaches to the Study of Parties and Party Organization in Contemporary Democracies. In: GUNTHER, R.; MONTERO, J.; LINZ, J. (Ed.). **Political Parties**: Old Concepts, New Challenges. Oxford: Oxford University Press, 2009. p. 136-165.

ZASLOVE, A. The Populism Radical Right: Ideology, Party Families and Core Principles. **Political Studies Review**, v. 7, n. 3, p. 309-318, Sept. 2009.

ZULINI, J. A representação política na Primeira República (1889-1930). In: RICCI, P. (Org.). **As eleições na Primeira República**. Brasília, DF: TSE, 2021. p. 12-15. Disponível em: <https://www.tse.jus.br/hotsites/catalogo-publicacoes/pdf/as-eleicoes-na-primeira-republica.pdf>. Acesso em: 14 jan. 2024.

ZULINI, J.; RICCI, P. As eleições para o Congresso Nacional (1894-1930): um processo disputado desde o alistamento até o reconhecimento dos eleitos. In: RICCI, P. (Org.). **As eleições na Primeira República**. Brasília, DF: TSE, 2021. p. 16-36. Disponível em: <https://www.tse.jus.br/hotsites/catalogo-publicacoes/pdf/as-eleicoes-na-primeira-republica.pdf>. Acesso em: 14 jan. 2024.

Respostas

Capítulo 1

Questões para revisão

1. Consolidação da organização através do tempo, por meio da autonomia do partido em relação às suas lideranças iniciais; nacionalização do partido; busca do poder por meio da participação eleitoral; busca do apoio da população para sua sobrevivência.
2. Quadros, massas, *catch-all* e cartel. Os partidos de quadros são um tipo primitivo de organização partidária, em que os partidos se assemelham a clubes parlamentares sem estrutura organizacional permanente. Os partidos de massa têm ideologia definida, bem como uma ampla e permanente organização partidária. O partido *catch-all* refere-se à profissionalização dos partidos políticos e à expansão de sua representação a variados segmentos sociais. Por fim, o partido cartel está relacionado ao afastamento dos partidos da sociedade e à sua aproximação com o Estado.
3. b

4. c
5. a

Capítulo 2

Questões para revisão

1. Os dois partidos se formaram a partir do debate relacionado ao grau de centralização da Constituição de 1824 e de sua reforma na década seguinte. Os conservadores surgiram da união de grupos favoráveis a uma maior centralização constitucional sob a figura do imperador e eram contrários ao Ato Adicional de 1834. Já os liberais surgiram da união de grupos contrários à centralização (mas apoiadores da monarquia) e favoráveis ao Ato Adicional de 1834.
2. A Lei Saraiva constituiu-se em uma ampla reforma na legislação eleitoral, com a adoção do voto direto em oposição ao indireto e de novas regras de participação do eleitorado, como o aumento da renda mínima (de 100 mil réis para 200 mil réis) para votar e a proibição do voto dos analfabetos. Como efeito, ocorreu uma diminuição do eleitorado: de cerca de 10% para 0,8%, em 1882.
3. c
4. b
5. a

Capítulo 3

Questões para revisão

1. O sistema partidário na Primeira República manteve as principais fraudes do período imperial – como a adulteração de atas e de listas eleitorais e a contratação de cidadãos para se passarem

por outros eleitores – e instituiu um processo de verificação da autenticidade das candidaturas por meio de uma comissão formada por deputados governistas, que frequentemente barravam candidaturas oposicionistas.
2. A Aliança Nacional Libertadora (ANL) e a Aliança Integralista Brasileira (AIB) tinham como inspiração, respectivamente, o comunismo soviético e o nazifascismo. A ANL tinha como agenda central o combate ao nazifascismo e a busca pela ampliação de direitos (jornada de oito horas de trabalho, reforma agrária etc.). A AIB, por sua vez, inspirava-se nos regimes alemão e italiano e tinha como principais bandeiras o anticomunismo, o antiliberalismo e o conservadorismo.
3. d
4. b
5. e

Capítulo 4

Questões para revisão

1. O sistema partidário da República de 1946 girava em torno de três partidos: Partido Social Democrático (PSD), Partido Trabalhista Brasileiro (PTB) e União Democrática Nacional (UDN). Os dois primeiros foram formados pela estrutura varguista: o primeiro, por meio da máquina do Estado Novo, e o segundo, pela ação do Ministério do Trabalho. A formação da UDN também ocorreu sob a figura do antigo ditador, mas de forma oposta: a legenda se formou pela união de diversos grupos antivarguistas, os quais, em alguns casos, tinham como ponto comum apenas a oposição a Vargas.

Rodrigo Mayer

2. Os principais argumentos se concentram na fragilidade dos partidos, que abriu espaço para o crescimento dos partidos populistas e a alta dos índices de fragmentação e volatilidade eleitoral, e na crise do sistema político, em que houve um conflito entre um Executivo reformista e um Legislativo reformador, o que levou à paralisia decisória.
3. b
4. d
5. c

Capítulo 5

Questões para revisão

1. A artificialidade do sistema acompanhou a opção do regime civil-militar por construir um novo sistema partidário por meio do rearranjo dos parlamentares em até três partidos. No entanto, o novo sistema não contou com a participação da população em sua construção, somente com a atuação do governo, razão pela qual a formação do novo sistema foi considerada artificial.
2. As reformas eleitorais do período tinham como objetivos centrais a manutenção da hegemonia da Aliança Renovadora Nacional (Arena) e a submissão do Movimento Democrático Brasileiro (MDB) como força oposicionista, bem como a manutenção do controle – e da influência – sobre o processo de transição.
3. b
4. a
5. e

Capítulo 6

Questões para revisão

1. A expansão do número de partidos se deveu ao realinhamento das elites políticas em novos partidos e à legislação eleitoral – pelo menos até 1995 –, que incentivava a criação de novos partidos.
2. O Partido dos Trabalhadores (PT) foi uma novidade no cenário político brasileiro e latino-americano pelo fato de ser externo ao Parlamento e de ter sido construído por meio da participação de membros de diversos grupos, como sindicatos, Igreja Católica e intelectuais.
3. d
4. e
5. a

Sobre o autor

Rodrigo Mayer é bacharel e licenciado em Ciências Sociais pela Universidade Federal do Paraná (UFPR), mestre em Ciência Política pela UFPR, doutor em Ciência Política pela Universidade Federal do Rio Grande do Sul (UFRGS), com doutorado sanduíche na Universidade de Salamanca, na Espanha. Também fez estágio pós-doutoral em Sociologia Política na Universidade Federal de Santa Catarina (UFSC). Atualmente, é professor de Ciência Política na Universidade Estadual de Londrina (UEL).

Impressão:
Maio/2024